이 책을 먼저 본 이들의 찬사

지금 우리가 목소리 수업을 들어야 하는 이유. 1인 미디어 시대, 자기 홍보의 시대, 나만의 목소리를 제대로 내는 것이 무기가 되는 시대이기 때문입니다. 이미 내 안에 있는 좋은 소리를 어떻게 잘 구현할 수 있을지, 안대성 선생님의 세심하고 찬찬한 안내를 받아보시지요. 날마다 조금씩 따라 하다 보면 놀라운 '기적'의 순간이 찾아올 겁니다. 좋은 발성과 호흡, 편안한 목소리는 당신을 좋은 곳으로 데려갈 것입니다.

— 이금희 (방송인)

발성과 발음 분야에서 오랜 기간 전문적인 훈련을 받고, 현재는 온오프라인에서 이를 가르치고 있는 교육자로서, 저는 목소리의 힘을 누구보다 잘 알고 있습니다. 그러나 몇 년 전, 제 한계를 절감하게 된 특별한 만남이 있었습니다.

어린 시절 질병으로 인해 성대가 손상되어 발성에 어려움을 겪는 분을 만나게 되었을 때, 일반적인 발성 지도법만 알고 있던 저는 속수무책이었습니다. 그분에게 조금이라도 도움이 되고자 인터넷을 뒤지던 중, 안대성 선생님의 영상을 발견하게 되었습니다. 의학적 손상이 있는 성대로도 최적의 발성을 구현하는 방법을 다룬 그 영상을 통해, 저는 진정한 전문가를 만났다는 확신을 갖게 되었습니다.

안대성 선생님은 단순한 발성 전문가가 아닙니다. 성악가로서 소리의 예술적 깊이를 탐구하고, 언어치료사로서 발성의 과학적 원리를 분석하며, 서울아산병원 발성 치료사로서 현장에서 환자들을 직접 치료해온 소리의 마술사입니다. 이론과 실재, 예술과 과학을 아우르는 그의 독보적 이력은 이 책 《인생을 바꾸는 기적의 목소리 수업》에 고스란히 녹아있습니다.

이 책의 가장 큰 매력은 '목소리는 타고난 것'이라는 운명론을 거부한다는 점입니다. 올바른 발성 훈련을 통해 누구나 자신만의 최적화된 목소리를 찾을 수 있다는 그의 철학은 제가 교육 현장에서 늘 강조해온 생각과 정확히 일치합니다. 목소리 콤플렉스로 고민하는 모든 이들에게 이보다 더 희망적인 메시지는 없을 것입니다.

목소리는 단순한 소통 도구가 아닙니다. 자신감을 키우고, 관계를 변화시키며, 삶의 질을 높이는 가장 강력한 무기입니다. 이 책을 통해 독자들은 듣기 좋은 목소리는 물론, 그 너

머의 내적 변화까지 경험하게 될 것입니다. 현장 경험만으로 가르쳐온 저 역시 이 책을 통해 탄탄한 이론적 토대를 다질 수 있었습니다.

소리로 고통받는 이들을 향한 안대성 선생님의 따뜻한 시선과 깊이 있는 통찰력, 그리고 즉시 실천 가능한 실용적 조언들에 깊은 존경을 표합니다. 아울러 이 책이 더 많은 이들의 삶에 진정한 변화를 가져다주기를 진심으로 바라며, 더 나은 내일을 꿈꾸는 모든 분들께 이 책을 강력히 추천합니다.

— 한석준 (아나운서)

목소리는 생각보다 나에 대해 많은 것을 알고 있어요. 몸의 호흡과 상태, 느끼는 감정, 품은 생각, 들려주고 싶은 이야기들까지 전부요. 저자의 말처럼 '나다운 목소리'를 찾는다는 것은 결국 '나 자신을 찾아가는 과정'이 됩니다. 지금 당장 소리 내어 당신의 목소리를 들어보세요. 그다음부터는 이 책에서 소개하는 다정하고 구체적인 안내를 따라가면 됩니다.

— 김윤나 (말마음연구소장,《말그릇》저자)

처음 발표를 할 때는 목소리에 힘이 없어 설득력이 부족하다는 피드백을 받았어요. 안대성 선생님과 훈련을 거듭하며 올바른 발성법을 익히고 나니, 지금은 "아나운서 같다", "성우 같다"는 이야기를 듣습니다. 말하기에 자신감을 생겼어요.

— 28세 이*빈

발음이 흐려서 말을 해도 사람들이 자꾸 되묻는 상황이 많았습니다. 그러던 중 안대성 선생님을 만나 교정을 시작했고, 지금은 이전보다 훨씬 또렷하고 분명하게 말할 수 있게 되었습니다. 다시 사람들과 소통할 용기를 얻을 수 있었어요.

— 45세 최규*

허스키해진 목소리와 답답한 발성 때문에 사랑하는 뮤지컬 무대에서 이제 내려와야 하나 고민하던 때, 안대성 선생님을 만나게 되었습니다. 지금은 다시 건강하고 힘 있는 발성을 되찾았습니다.

— 43세 *동권

인생을 바꾸는 기적의 목소리 수업

'말하기'를 나의 무기로 만드는 4주 완성 목소리 트레이닝

안대성 지음

더퀘스트

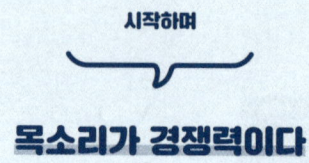

목소리가 경쟁력이다

2023년 〈유 퀴즈 온 더 블럭〉 출연 이후, 목소리와 말하기에 대한 대중의 관심이 한층 커진 것을 체감했습니다. 방송 출연은 저에게도 특별한 기회였는데요, 돌이켜보면 이런 좋은 기회는 최근 목소리 관련 책들이 활발히 출간되는 흐름과도 맞닿아 있었습니다. 유튜브나 팟캐스트처럼 누구나 자신의 목소리로 콘텐츠를 만들고 소통할 수 있는 플랫폼이 늘어났습니다. 게다가 AI 기술이 발전하면서 가상 인물이나 목소리를 손쉽게 생성할 수 있게 되었죠. 이처럼 수많은 목소리가 넘쳐나는 시대에 개성과 진정성이 담긴 목소리는 더욱 돋보이게 되었습니다. 이러한 시대적 흐름 속에서 자신만의 매력적인 목소리를 갖는 것은 감정을 전하고, 신뢰와 공감을 형성하는 중요한 경쟁력이 될 수 있습니다.

녹음 기술이 좋지 않았을 때는 성악가처럼 일부러 힘을 주고 과장되게 말해야 했습니다. 마이크 성능과 음향 장비가 부족해 작은 소리로는 메시지를 명확히 전달하기 어려웠기 때문이죠. 당시에는 발음을 또렷이 하고 공명을 키워, 크고 강한 목소리로 말하는 것이 설득력의 핵심이었습니다. 하지만 이제는 다릅니다. 음향 기술이 획기적으로 발전하면서 속삭이는 목소리까지도 또렷하게 전달하는 시대가 되었습니다. ASMR처럼 아주 작은 소리도 선명하게 들을 수 있죠. 이제는 크고 강한 목소리보다 개개인의 감성을 터치하는 부드럽고 자연스러운 목소리가 주목받습니다. 사람들과 교감하고 감동을 주며, 자신을 진솔하게 표현하는 목소리가 더욱 중요해졌습니다.

저는 20년 넘게 노래를 가르치고, 발성 치료를 하며 목소리를 연구해왔습니다. 처음부터 좋은 목소리를 타고난 건 아니었기에 '어떻게 하면 더 쉽고 빠르게 목소리를 개선할 수 있을까?'를 늘 고민했습니다. 수많은 학생과 환자들을 만나며 각자의 개성과 특징에 맞는 효과적인 방법을 찾기 위해 노력해왔고, 그 과정에서 누구나 겪는 공통된 어려움이 있음을 알게 되었습니다. 그리고 이를 어떻게 해결해야 하는지에 대한 실마리를 점점 더 구체적으로 잡아갔습니다. 수많은 시행착오와 고민 끝에 얻은 이 경험들이 이 책을 쓰게 된 가장 큰 이유입니다.

전문가가 될수록 책 쓰기가 더 어렵게 느껴집니다. 명확한 논지뿐 아니라 출처와 맥락, 학계의 관점 등 고려할 요소가 많기 때문입니다. 동료들의 평가가 부담으로 다가올 뿐더러 변화가 빠른 분야라면 책이 나오기도 전에 트렌드가 바뀌니 이에 대한 대비도 해야 합니다. 다만 발성 분야는 본질적으로 큰 변화를 겪지 않습니다. 마케팅 트렌드는 있을지 몰라도, 사람의 발성기관은 수만 년 전이나 지금이나 그대로이며, 현대인이 호감을 느끼는 목소리 기준 역시 과거와 크게 다르지 않기 때문입니다.

그래서 제가 고민한 것은 '이 변하지 않는 원리를 독자가 자신의 목소리에 어떻게 적용하게 만들 수 있을까?'였습니다. 이론은 이해하기 쉽지만 막상 연습을 해보면 감각을 제대로 느끼지 못하거나 원하는 결과가 나오지 않아 중도에 포기하는 경우가 많기 때문입니다. 저 역시 오랜 현장 경험과 고민을 녹여 독자에게 진정 도움이 되는 내용을 담기 위해 신중하게 접근했습니다. 그래서 워크북 형식을 취해 최대한 쉽고 명확하게 따라 할 수 있도록 실용적인 훈련법을 담았습니다. 모두 제가 직접 경험하고 검증한 방법들입니다. 원리를 이해하고 꾸준히 따라 하다 보면 누구나 어렵지 않게 터득할 수 있습니다. 문제 해결을 넘어 더 매력적이고 효과적인 목소리를 갖게 될 것입니다.

이 책은 기초 발성 원리와 감각을 충분히 익히고, 이를 실제 상황에 자연스럽게 연결하는 데 집중했습니다. 즉, 기초와 실전 사이를 잇는 중간다리 같은 책이 되기를 바랍니다.

1부에서는 목소리와 정체성의 관계와 발성, 공명, 호흡 등 좋은 목소리를 만드는 기본 원리를 다룹니다. 여기서 본격적인 발성 훈련에 앞서 다양한 발성 감각을 함께 익혀보도록 하겠습니다.

2부에서는 본격적으로 목소리 교정 훈련을 진행합니다. 각 문제 상황에 맞게 목소리를 효과적으로 활용하는 실전 방법을 소개합니다.

목소리는 타고나는 것을 넘어, 훈련을 통해 발전시킬 수 있는 강력한 커뮤니케이션 도구입니다. 톤, 속도, 발음, 감정 표현을 개선하면 대인관계뿐 아니라 발표, 팀워크, 리더십 등 다양한 영역에서 더 설득력 있고 매력적인 의사소통이 가능해집니다. 목소리에는 사람의 마음을 움직이고 관계를 변화시키는 힘이 있습니다.

저는 일이관지(一以貫之), 즉 하나의 이치로 모든 것을 꿰뚫는다는 원칙을 강조하고 싶습니다. 발성도 마찬가지입니다. 호흡, 성대, 공명, 발음은 개별적인 기술이 아니라 하나의 자연스러운 흐름으로 연결되어야 합니다. 최근 유튜브에서 단편적인 팁만 찾는 분들이 많지만, 따로 연습한 개별 기술이 흐름으로 연결되지 않으면 실전에서 자연스럽게 사용하기 어렵습니다. 혀의 위치만 조금 바꿔도 소리의 명료함, 공명, 성대의 긴장까지 달라지기 때문입니다. 좋은 목소리를 원한다면 단편적 기술을 쌓기보다 전체 흐름을 이해하고 몸으로 체화해야 합니다.

책은 주제별로 구성됐지만, 처음에는 전체를 쭉 읽어보길 권합니다. 흐름 속에서 자신에게 필요한 부분을 파악하고 집중적으로 연습한다면, 훨씬 효과적일 것입니다. 모든 사람에게 완벽하게 맞는 단 하나의 방법은 없습니다. 중요한 것은 여러분에게 맞는 방법을 스스로 찾는 것입니다.

《잃어버린 시간을 찾아서》를 쓴 소설가 마르셀 푸르스트는 "진정한 발견은 새로운 땅을 찾는 것이 아니라 새로운 눈을 갖는 것이다."라고 말했습니다.

  새로운 것을 찾는 데 몰두하기보다 지금 가진 것을 새로운 눈으로 바라보면 어떨까요? 이 책을 통해 여러분이 자신의 목소리를 새롭게 인식하고, 더 매력적인 목소리를 찾아가는 여정을 시작하기를 진심으로 응원합니다.

안대성

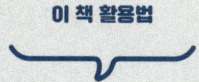
이 책 활용법

이 책에 제시된 목소리 훈련법은 실제 음성치료 현장에서 사용하는 기법과 보이스 트레이닝 노하우를 바탕으로 구성되었습니다. 다양한 의성어와 의태어를 활용·접목해 일반 독자들이 전문적인 훈련을 쉽고 자연스럽게 이해하며 따라 할 수 있도록 했습니다.

4주만 꾸준히 따라 하세요

새로운 습관이나 기술은 하루 아침에 몸에 배지 않습니다. 보통 3~4주 정도 꾸준히 반복해야 뇌와 몸이 익숙해지고, 자연스럽게 자신의 것으로 만들 수 있습니다. 발성도 마찬가지입니다. 소리를 내는 방법을 알았다고 해서 바로 목소리가 달라지지 않고, 매일 조금씩 반복하면서 몸이 기억해야 합니다.
따라서 이 책에서 제시하는 4주 훈련 프로그램은 짧지만 충분히 변화를 체감할 수 있는 최소한의 시간입니다. 4주 동안 꾸준히 실습하면 목소리가 달라지고 말하기 습관도 안정적으로 자리 잡을 수 있습니다.

'의성어·의태어'를 적극 활용하세요

발성 훈련은 단순히 이론만으로는 할 수 없습니다. 소리를 직접 내고, 몸으로 감각을 익히는 과정이 반드시 필요합니다. 그래서 이 책에서는 의성어(소리 흉내)와 의태어(동작 흉내)를 적극적으로 활용합니다.
예를 들어 "쭉—" 하고 길게 늘이는 소리를 표현하면 실제로 성도(성대에서 입까지의 통로)가 길게 열리며 울림이 확장되는 느낌을 쉽게 따라 할 수 있습니다. "힛, 핫"처럼 짧게 내는 발음은 성대가 순간적으로 닫혔다 열리는 감각을 익히게 해주고, "후우—" 하는 숨소리는 호흡의 흐름과 긴장 완화를 자연스럽게 돕습니다.

의성어 예시

"쭉—" (성도 확장)

"힛, 핫" (성대 접촉)

"후우—" (호흡 내쉬기, 긴장 이완)

의태어 예시

"쉬~" (공기 흐름 느끼기)

"꿀꺽" (후두 움직임 느끼기)

"헉" (호흡 끊김을 느끼기)

이런 접근이 다소 생소해 보일 수 있지만, 발성은 머리로 이해하는 것이 아니라 귀와 몸이 함께 배우는 훈련이기에 가장 효과적인 도구가 됩니다.
많은 분이 발성할 때 '배에 힘을 주어 소리를 밀어내면 된다'거나 '그저 또박또박 말하기만 하면 된다'고 생각합니다. 그러나 이런 방식은 호흡을 억지로 누르거나 말의 형태에만 집착하게 만들어, 성대를 과도하게 밀어붙이고 목과 턱에 불필요한 힘을 쌓이게 합니다. 그 결과 목소리는 쉽게 흔들리고 금방 피로해지지요.
발성이란 '힘'으로 억지로 내는 것이 아니라, 호흡·성대·울림이 균형을 이루며 조율되는 과정입니다. 의성어와 의태어는 그 균형을 몸으로 느끼고 자연스럽게 익히게 해주는 가장 효과적인 방법입니다.
처음에는 목소리를 훈련하는 것이 다소 어색하고 낯설 수 있습니다. 하지만 꾸준히 따라 하면 누구나 안정되고 또렷한 목소리를 찾을 수 있습니다.
이제, 당신의 차례입니다.

차례

시작하며 목소리가 경쟁력이다 4
이 책 활용법 9

1부
좋은 목소리는 어떻게 만들어질까

 **1장 인생의 무기가 되는 목소리**

작지만 강력한 목소리의 힘 20
좋은 목소리는 어떤 목소리일까 25
당신은 이미 좋은 목소리를 가지고 있다 28
좋은 목소리를 찾는 과정은 나를 탐구하는 과정 32

2장 좋은 목소리의 메커니즘

목소리는 어디서 어떻게 만들어질까 38
좋은 목소리의 공식 41
첫 번째 공식, 부드러운 성대로 좋은 소리를 만들어라 44
소리 내는 감각을 깨워봅시다 47
감각 익히기- 후두/성대 52
두 번째 공식, 호흡으로 목소리의 크기, 강도, 울림을 조절하라 58
감각 익히기- 호흡1 / 호흡2 66
세 번째 공식, 공명으로 목소리에 깊이를 더하라 74
감각 익히기 공명1 / 공명2 80
네 번째 공식, 또렷한 모음 발음이 전달력 있는 목소리를 만든다 88
감각 익히기- 발음 97
다섯 번째 공식, 자세만 달라져도 목소리가 180도 바뀐다 104

실전! 나의 좋은 목소리 되찾기

3장 "거칠고 흐릿한 목소리가 듣기 불편하대요"
맑고 또렷한 목소리 만들기

목소리가 오해를 낳기도 한다 116
선명한 소리, 또렷한 초점 만들기가 포인트 119
▶ **따라 해볼까요** 입술과 혀 떨기 연습 / 소리의 초점 만들기 연습 / 음의 높낮이 조절 연습 / 문장 끝까지 힘 있게 발성하기 / 자음 발음 연습 / 말하기의 리듬과 템포 조절 연습 126

4장 "한 시간 말하고 나면 목이 너무 아파요"
오랜 시간 말해도 지치지 않는 목소리 만들기

잘못 길들여진 발성 습관, 바꿀 수 있다 148
목의 부담을 줄이는 발성을 습관화하는 것이 포인트 151
▶ **따라 해볼까요** 빨대 발성 연습 / '가글' 발성 연습 / 공기 반 소리 반 'Z' 발성 연습 / Z 버징을 모음으로 확장 연습 / Z 버징 후 발음 강화 연습 / 목소리 피로를 단숨에 줄이는 세 가지 팁 154

5장 "무슨 말을 하는지 잘 모르겠다는 말을 자주 들어요"
또박또박 발음 정확하게 말하기

말이 자주 꼬인다고요? 발음이 뭉개지고 샌다고요? 166
입술 유연성 운동부터 문장 읽기까지 발음의 정확성을 쌓아가는 것이 포인트 169
▶ **따라 해볼까요** 발음기관 유연성 운동 / 선명한 발음을 위한 3단계 연습 173

6장 "기어들어가는 목소리, 여러 사람 있을 때 제 말은 자꾸 묻혀요"
소리가 작아도 분명하게 전달되는 목소리 만들기

주문했는데 못 들었다고요? 목소리가 전달되지 않는 이유 186
비음을 줄이고 자연스러운 성량 조절을 익히는 것이 포인트 187
▶ **따라 해볼까요** 이중모음 연습 / 단계별 입 개방하기 / 비음 줄이기 연습 / 성량과 방향성 조절 연습 / 강세와 억양 활용 연습 191

7장 "발표할 때 자꾸 염소 소리를 내요" 많은 사람 앞에서 떨지 않고 말하기

긴장하더라도 떨림 없이 말할 수 있다 206
발성기관의 과긴장을 풀고 여유 있는 발성을 익히는 것이 포인트 210
▶ 따라 해볼까요 발성기관 이완하기 / 씹는 근육을 활용한 발성 연습 / 원하는 대로 음량 조절하는 연습 / 성량을 키우는 턱 근육 풀기 / 내게 맞는 말하기 속도 찾기 214

8장 "여자/남자 같은 목소리를 바꾸고 싶어요" 나의 진짜 목소리 찾는 법

내가 들어도 낯선 내 목소리 228
내게 맞는 음높이를 찾는 것이 포인트 232
▶ 따라 해볼까요 옵티멈 피치 찾기 / C-Spot 기법 / 사이렌 허밍과 활창 연습 / '나'를 중심으로 한 문장 읽기 235

9장 "면접/미팅/협상을 앞두고 있어요" 자신감 있고 스마트한 인상을 주는 목소리 만들기

중요한 순간, 내 말이 설득력을 가지려면 무엇보다 목소리부터 안정적으로 240
편안하고 힘 있는 발성을 체화하는 것이 포인트 242
▶ 따라 해볼까요 발성기관 이완 연습 / 호흡 안정화 및 조절 연습 / 성대 조절 연습 245

10장 "나긋나긋한 목소리에서 리더의 목소리로"
절제된 힘과 품격이 담긴 목소리 만들기

따르고 싶게 하는 리더의 목소리 254
좋은 공명을 만드는 것이 포인트 256
▶ 따라 해볼까요 공명 만들기 연습 / 자연스러운 울림을 찾는 중저음 발성 연습 / 제스처 더하기 259

11장 "같은 말을 해도 그 사람이 말하면 사람들 반응이 달라요"
듣는 순간 호감을 부르는 말하기 연습

상대를 편안하게 하는 목소리는 마음을 여는 열쇠가 된다 268
다양한 음정과 강세, 속도로 감정을 풍부하게 표현하는 것이 포인트 271
▶ 따라 해볼까요 감정을 담아 말하기 / 구연동화 읽기 / 말투에 따뜻함 더하기 / 표정을 바꿔가며 생동감 있게 말하기 277

마치며 286

부록 좋은 목소리를 위한 건강한 목 관리 TIP
목소리는 평생 함께해야 할 친구입니다 / 목소리를 보호하는 생활 습관 / 목소리 손상을 예방하는 스마트한 방법 / 목소리 회복을 위한 스트레칭과 이완법 / 매일의 발성 루틴이 목소리를 바꾼다 / 갑작스러운 목소리 변화, 이렇게 대처하세요 290

1부

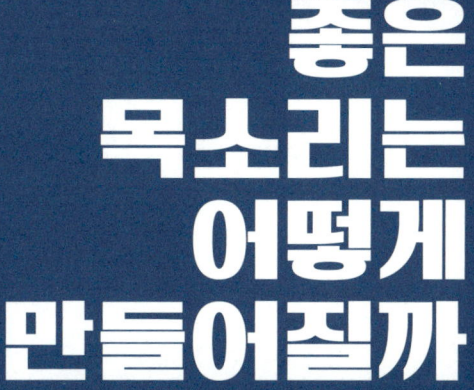

좋은 목소리는 어떻게 만들어질까

1장

인생의
무기가 되는
목소리

작지만 강력한
목소리의 힘

우리는 태어나 첫 울음소리로 세상에 존재를 알리고, 생의 마지막 순간에는 유언으로 삶을 마무리합니다. 목소리는 우리가 살아 있음을 느끼게 해주고, 타인과 연결되도록 합니다. 또한 우리의 삶과 감정을 담아내며, 때로는 말보다 더 많은 것을 전달합니다. 그래서 우리는 무심코 내뱉는 목소리 속에서 자신도 모르는 진짜 모습을 드러내곤 합니다.

흥미로운 점은, 사람들은 목소리만으로도 상대의 인상을 그려낸다는 것입니다. 그리고 목소리에서 느껴지는 이미지와 외모가 일치할 때, 호감도가 극대화됩니다. 반면, 두 이미지가 불일치하면 어색함이나 실망을 느끼죠. 이는 목소리가 의사소통의 도구로서만 작용하는 것이 아니라 사람과 사람의 만남에서 중요한 역할을 한다는 것을 보여줍니다.

메러비안의 법칙

미국의 심리학자 알버트 메러비안(Albert Mehrabian)의 연구에 따르면, 우리가 타인의 감정이나 태도를 해석할 때 단순한 언어적 내용이 차지하는 비율은 약 7퍼센트에 머무는 것으로 나타났습니다. 반면, 38퍼센트는 목소리의 톤, 억양, 속도와 같은 음성적 요소에, 나머지 55퍼센트는 표정이나 몸짓 같은 비언어적 요소에 의해 영향을 받습니다. 이 비율은 주로 말의 의미와 태도가 엇갈릴 때 나타나는 경향이지만, 중요한 사실은 목소리만으로도 메시지 전달력의 거의 40퍼센트를 차지할 만큼 큰 영향을 미친다는 점입니다. 즉, 목소리는 단순한 소리가 아니라, 신뢰와 감정, 의도를 전달하는 강력한 수단입니다.

우리는 같은 말이라도 말하는 사람의 목소리에 따라 전혀 다른 느낌을 받곤 합니다. 예를 들어, 같은 내용을 밝고 부드러운 목소리로 말할 때와 거칠고 무뚝뚝한 목소리로 말할 때의 상대방 반응은 완전히 다릅니다. 이는 특히 비즈니스 상황에서 더 중요하게 작용합니다. 고객이나 동료와의 첫 대면에서 목소리의 톤과 태도는 신뢰를 쌓는 데 큰 영향을 미칩니다. 메러비안의 법칙은 우리가 실생활에서 매일같이 경험하는 소통의 진리라 할 수 있습니다.

목소리는 경쟁력이다

유튜브나 화상회의 같은 비대면 소통이 늘어나면서, 목소리는 상대에게 신뢰와 호감을 심어주는 첫 번째 요소가 되었습니다. 여러분은 짧은 인사말만으로도 상대의 성품과 감정을 느낀 적이 있을 것입니다. 이는 협상, 발표 그리고 단순한 대화에서도 결정적인 차이를 만들죠.

저는 강연이나 인터뷰 요청을 받을 때 메일만 주고받기보다 가능하면 직접 통화하려고 합니다. 상대의 목소리를 들으며 대화해야 그의 의도와 감정을 보다 정확히 파악할 수 있기 때문이죠. 실제로 성공한 사업가나 강의에서 큰 영향력을 발휘하는 교수들 대부분은 목소리에 많은 신경을 씁니다. 좋은 목소리가 성공에 유리했든, 성공을 한 뒤 목소리의 중요성을 깨닫고 훈련을 통해 좋아졌든 결국 자기 분야에서 정상에 선 사람들은 대체로 좋은 목소리를 가지고 있습니다. 성공을 꿈꾸는 이들에게 목소리는 강력한 퍼스널 브랜딩 수단이자, 다른 사람과 자신을 차별화하는 결정적 요소입니다. 결국 목소리는 성공적인 비즈니스를 위한 첫 단추라고 할 수 있습니다.

목소리 하나로 인생을 바꾼 사람들

좋은 목소리는 삶을 변화시키는 강력한 힘을 가지고 있습니다. 자신감 있는 목소리는 습관을 바꾸고, 나아가 인생의 중요한 순간까지도 바꿔 놓습니다. 취업 면접에서 자신 있는 목소리로 합격하거나, 용기를 내어 고백해 사랑을 이루는 순간처럼 말이죠.

저는 발성치료사로 일하면서, 목소리로 인해 깊은 고통을 겪어온 많은 분들을 만나왔습니다. 그중에는 20년 동안 목소리 떨림 때문에 오해와 편견 속에서 살아온 분도 있었습니다. 그녀는 자신의 목소리를 바로잡기 위해 평생을 노력했지만, 번번이 좌절을 경험해야 했는데요. 그러다 마침내 자신의 목소리를 되찾은 뒤에는 원하던 새로운 삶을 살 수 있었습니다. 오랜 시간 움츠러들었던 마음까지 활짝 펴지는 순간이었죠.

변성발성장애로 인해 변성기 이후에도 여성의 목소리가 나와 오랜 시간 동안 고통받았던 한 군인은, 마침내 자신의 목소리를 되찾으면서 비로소 자신을 온전히 받아들일 수 있었습니다. 자신의 목소리가 더 이상 낯설지 않았고, 그제야 그는 '진짜 자기 목소리'로 이야기할 수 있었습니다.

목소리가 너무 작아 면접장에서 늘 위축되었던 한 취업 준비생은 발성 훈련을 통해 자신감을 되찾았습니다. 그리고 마침내 원하던 기업에 합격했다는 기쁜 소식을 전해주었죠. 처음 상담실 문을 두드리며 떨리는 목소리로 말을 건넸던 그날과, 밝고 당당한 목소리로 합격 소식을 전해오던 날이 아직도 생생하게 기억납니다.

한편, 목을 조이며 발성하는 습관 때문에 숨쉬기조차 힘들어하던 분도 있었습니다. 말 한마디 내뱉을 때마다 목이 막히고 가슴이 답답하다고

토로했던 그는, 발성을 바로잡은 뒤 "마치 숨통이 트인 듯 삶의 질이 달라졌다."고 했습니다. 억눌려 있던 감정까지 해방된 것처럼 말이죠.

또 다른 잊을 수 없는 순간도 있습니다. 성대를 다쳐 재활치료를 받던 한 유명 가수가 있었습니다. 예전처럼 노래할 수 없을지도 모른다는 불안 속에서 하루하루를 버티던 그녀는, 발성을 회복한 후 다시 무대에 섰습니다. 그리고 놀랍게도, 음악 프로그램에서 우승을 거머쥐었죠. 그녀의 목소리는 단순한 회복을 넘어 전보다 더 깊은 감동을 담고 있었습니다.

이처럼 목소리로 인해 절망을 경험하는 분들도 올바른 훈련을 통해 변화할 수 있습니다. 그렇다면 발성에 큰 문제가 없는 사람들은 어떨까요? 이들에게도 발성 훈련은 단순한 기술 습득을 넘어 삶을 변화시키는 강력한 도구가 될 수 있습니다.

좋은 목소리는
어떤 목소리일까

 그렇다면 좋은 목소리는 어떻게 만들어질까요? 목소리는 마음에 드는 옷을 사듯이 단번에 얻을 수 있는 것이 아닙니다. 자신에게 꼭 맞는 멋진 스타일을 찾기 위해 옷을 여러 번 입어보고 조화로운 색감을 고민하듯이, 좋은 목소리도 꾸준한 연습과 조율이 필요합니다. 하지만 중요한 점은, 목소리 훈련의 목표를 단순히 '멋있는 목소리' 만들기에 두어서는 안 된다는 것입니다.

 목소리 훈련은 성우나 아나운서의 목소리를 모방하는 것이 아니라, 자신의 감정과 이야기를 담을 수 있는 '나만의 목소리'를 찾는 과정이 되어야 합니다. 물론 훈련 초기에는 다른 분야와 마찬가지로 좋은 목소리를 모방하며 기본기를 익히는 단계가 필요합니다. 이 과정에서 변화된 목소리가 어색하게 느껴질 수도 있습니다. 녹음된 자신의 목소리를 처음 들었을 때 낯설게 느껴지는 것처럼 말이죠. 하지만 시간이 지날수록 점차 자연스럽게 내재화된 목소리가 생기고, 그것이 자신을 더욱 돋보이게 만듭니다. 좋은 목소리는 나 자신을 더 진솔하게 표현할 수 있는 수단이 됩니다.

나다운 목소리를 찾아라

자신의 목소리를 제대로 인식하고 난 뒤 실망하는 분들이 계십니다. 목소리가 좋은 다른 사람들, 예를 들어 이병헌이나 한석규 같은 배우나 유명 아나운서와 비교하면서 자신의 목소리가 한없이 부족하고 매력 없다고 느끼는 것이죠. 하지만 우리 각자의 목소리에는 고유한 이야기가 담겨 있습니다. 살아온 환경과 습관, 관계 속에서 만들어진 목소리는 지문처럼 그 사람만의 고유한 코드를 가지고 있는데, 이것을 성문(聲紋)이라고 하죠. 우리는 흔히 "아름답다."라는 말을 외적인 미(美)와 연결해 생각하지만, 진정한 아름다움은 겉모습이 아니라 '나다움'에서 비롯된다는 해석도 가능합니다. 내가 나답게 존재할 때, 가장 자연스럽고 조화로운 상태가 되고, 그것이 곧 진정한 아름다움으로 이어지는 거죠.

목소리도 마찬가지입니다. 많은 사람들이 '좋은 목소리'를 남들처럼 멋지고 듣기 좋은 소리로 생각하지만, 가장 중요한 것은 '나에게 어울리는 목소리'를 찾는 것입니다. 억지로 꾸며내거나 흉내 낸 목소리는 아무리 좋게 들려도 오래가지 못합니다. 진짜 좋은 목소리는 내 몸과 조화를 이루고, 나의 감정과 생각을 자연스럽게 표현할 수 있는 소리입니다.

결국 '내 목소리를 찾는 과정'은 '나 자신을 찾는 여정'과 다르지 않습니다. 어떤 목소리가 가장 편안한지, 어떤 소리를 낼 때 가장 나답게 느껴지는지 탐색해보세요. 억지로 바꾸려 하기보다, 내 안에 잠든 소리를 깨우고 다듬어가는 것이 중요합니다. 꽃이 스스로를 꾸미려 애쓰지 않아도 그 자체로 아름답듯이 사람도 자신답게 말할 때 가장 자연스럽고 멋진 목소리를 가질 수 있습니다. 내 목소리를 찾는 과정, 그것이 곧 나를 찾는 과정입니다.

당신은 이미
좋은 목소리를 가지고 있다

"목소리도 바꿀 수 있나요?" 많은 분들이 저에게 묻습니다. 그때마다 저는 이렇게 답합니다. "목소리는 분명 바뀔 수 있습니다. 목소리는 억지로 만드는 것이 아니라 찾아가는 것입니다."라고요. 많은 사람들이 목소리는 타고나는 것이라고 생각합니다. 그래서 바꿀 수 없다고 오해하죠. 하지만 걸음걸이를 한번 생각해보세요. 자세히 들여다보면, 사람마다 걷는 모양이 다 제각각입니다. 어떤 사람은 성큼성큼 힘차게 걷고, 어떤 사람은 작은 보폭으로 조심스럽게 걷습니다. 이렇게 자연스럽게 체득한 걷는 방법은 제대로 배울 필요가 없어 보입니다. 하지만 걸음걸이 하나만으로도 우리는 상대에게 다른 인상을 줄 수 있습니다. 당당하게 걷는 사람은 자신감 있어 보이고, 움츠러든 자세로 걷는 사람은 소극적으로 보일 수 있죠. 또한 잘못된 보행 자세는 시간이 지날수록 허리나 무릎에 부담을 주고, 여러 근골격계 질환을 유발할 수도 있습니다.

목소리도 마찬가지입니다. 우리는 목소리를 제대로 배워본 적이 없습니다. 말을 배우는 과정에서 부모님이나 주변 사람들의 발성 습관을 무의식적으로 따라 하며 익혔을 뿐입니다. 그렇기에 지금의 목소리는 삶의 습관과 환경이 만들어낸 후천적인 결과물이라고 할 수 있습니다.

그렇다면 '목소리를 어떻게 하면 좋게' 만들 수 있을까요? 놀라운 점은, 이미 좋은 목소리를 가진 사람들조차 자신의 목소리에 확신을 갖지 못하는 경우가 많다는 것입니다. 어쩌면 우리는 자신의 목소리에 대해 생각보다 많은 편견과 오해를 갖고 있는지도 모릅니다.

좋은 목소리는 '찾는 것'

자신의 목소리를 찾는 과정은 단순히 복식호흡이나 발성 훈련을 몇 번 받는 것으로는 충분하지 않습니다. 목소리는 몇 가지 팁으로 쉽게 익힐 수 있는 기술이 아니라, 감정과 경험, 주변 환경까지 영향을 주고받는 것이기 때문입니다. 자신의 목소리를 찾기 어려운 이유에는 여러 가지가 있습니다. 대부분의 사람들은 자신의 목소리가 타인에게 어떻게 들리는지 깊이 의식하지 않습니다. 아나운서나 배우처럼 목소리를 전문적으로 다루는 직업이 아니라면, 자신의 목소리를 객관적으로 평가할 기회도 많지 않죠. 또한 우리는 다른 사람의 목소리에 대해 직접적으로 지적하지 않습니다. 그 이유는 두 가지로 볼 수 있는데요. 하나는 그 사람만의 개성으로 존중하는 경우이고, 다른 하나는 예의상 언급을 피하는 경우입니다.

목소리에 대한 피드백은 매우 민감한 주제가 될 수 있습니다. 단순한 의견일지라도 상대에게는 자신의 정체성을 부정당하는 듯한 느낌을 줄 수 있기 때문이죠. 아마 여러분도 살아오면서 목소리에 대한 피드백을 거의 받아본 적이 없을 것입니다. 예를 들어, 누군가에게 "목소리가 특이하네요."라는 말을 들었을 때, 듣는 사람에 따라 이를 긍정적으로 받아들일 수도 있지만, 반대로 '내 목소리가 이상한가?'라는 불안감을 갖게 되거나 기분이 나쁠 수도 있습니다. 그래서 사람들은 목소리를 주제로 대화를 나누는 것 자체를 조심스럽게 여깁니다.

목소리를 바꾸기 힘든 가장 큰 이유는 어색함입니다. 발성 훈련으로 목소리가 바뀌더라도 처음에는 어색하게 느껴질 수 있습니다. 마치 녹음된 자신의 목소리를 들었을 때 낯설게 느껴지는 것과 같은 원리입니다. 우리가 평소 듣는 내 목소리는 공기뿐 아니라 두개골을 통한 진동으로 전달됩니다. 반면 타인이나 녹음기를 통해 들리는 목소리는 오직 공기를 통해 전달되기 때문에, 실제 소리와 다르게 낯설게 들리죠.

이로 인해 불안감을 느껴 적응 과정에서 발성 훈련을 중단하거나 포기하는 경우도 많습니다. 하지만 시간이 지나면 새로운 목소리에도 자연스럽게 익숙해집니다. 중요한 것은, 어색함을 자연스러운 과정으로 받아들이는 것입니다. 그러면 점차 적응하면서 좋은 목소리로 변화할 수 있으니까요.

 마지막으로 발성 훈련에서 자주 사용되는 추상적인 표현들이 초보자들에게 혼란을 줄 수 있습니다. 예를 들어, '목을 열어라', '소리를 앞으로 보내라', '목소리를 깊게 내라', '소리를 공명시켜라' 같은 표현들은 구체적인 설명이 동반되지 않을 경우 이해도 안 될 뿐 아니라 실천하기도 쉽지 않습니다. 그래서 처음 시작하는 분들에게는 발성 훈련을 감각적으로 느끼고 익히게 돕는 구체적인 설명이 중요합니다.

좋은 목소리를 찾는 과정은
나를 탐구하는 과정

목소리는 나를 나타내는 정체성이자 타인에게 비치는 이미지를 형성하는 도구입니다. 이를 이해하려면 보이스 아이덴티티(Voice Identity)와 보이스 이미지(Voice Image)라는 두 관점에서 봐야 합니다.

보이스 아이덴티티: 나를 드러내는 고유한 목소리

보이스 아이덴티티는 한 사람이 가진 고유한 목소리의 본질입니다. 발성 방식, 음색, 감정 표현, 말하는 습관을 포함하며, 그 사람의 성격과 개성을 반영합니다. 아무리 비슷한 음색을 가졌다 하더라도 똑같은 목소리는 존재하지 않습니다.

  목소리 훈련의 첫걸음은 자신의 목소리를 인식하고 받아들이는 것입니다. 그러나 이 과정이 쉽지는 않습니다. 새로운 발성을 배우다 보면 어색함과 익숙함이 충돌하고, 변화된 목소리를 처음 들었을 때의 낯섦이 거부감을 일으키기도 합니다. 이는 마치 갑작스레 헤어스타일을 바꿨을 때 느끼는 이질감과 비슷하다고 할 수 있습니다.

  보이스 아이덴티티는 내 목소리의 고유한 특성을 기반으로 자신만의 스타일을 찾아가는 과정입니다. 단순히 소리를 바꾸는 작업이 아닌, 자신의 본성과 기질을 이해하고, 이를 자연스럽게 드러내는 목소리를 찾아가는 과정입니다. 이를 통해 우리는 자신의 목소리를 더욱 사랑하고 잘 사용할 수 있게 되죠.

보이스 이미지: 목소리로 전달되는 인상

보이스 아이덴티티가 자신만의 고유한 목소리라면, 보이스 이미지는 타인이 내 목소리를 듣고 형성하는 인상입니다. 목소리 톤, 말투, 억양, 강약 조절 등 여러 요소의 결합으로 만들어지죠. 예를 들어, 따뜻하고 부드러운 목소리는 신뢰와 호감을, 차분하고 단단한 목소리는 전문성과 권위를 느끼게 합니다. 차가운 목소리는 감정이 잘 드러나지 않아 거리감을 줄 수 있습니다.

보이스 이미지는 상황에 따라 달라질 수 있습니다. 같은 사람이라도 비즈니스 미팅에서는 단호하고 전문적인 목소리를, 친구와의 대화에서는 부드럽고 친근한 목소리를 낼 수 있죠. 중요한 건 보이스 이미지는 조절이 가능하다는 것입니다. 타인의 반응에만 맡길 것이 아니라, 스스로 상황에 맞게 조율해 사용할 수 있습니다.

보이스 아이덴티티와 보이스 이미지의 관계

어떤 사람의 목소리를 듣고 외모를 상상했을 때, 기대와 같아 기쁨을 느끼거나 외모와 목소리가 어울리지 않아 어색함을 느껴본 적이 있을 것입니다. 〈복면가왕〉이나 〈히든싱어〉같이 목소리로 이미지를 추리하는 프로그램을 떠올려보면 이해하기 쉽죠.

즉, 목소리와 이미지는 깊이 연관되어 있으며, 보이스 아이덴티티와 보이스 이미지는 상호 보완적입니다. 내 목소리의 본질을 이해할 때, 비로소 타인에게 긍정적인 이미지를 심어줄 수 있습니다.

지금의 나를 알게 하는 또 하나의 거울

우리는 평소 자신의 몸이나 목소리에 큰 관심을 기울이지 않다가 취업 면접이나 중요한 발표와 같은 결정적인 순간에야 비로소 자각하곤 합니다. 하지만 목소리는 평생 사용하는 도구입니다. 지금부터라도 내 목소리에 관심을 갖는 습관을 들이는 것은, 자신을 돌보는 첫걸음이 될 수 있습니다.

옷의 핏이 체형의 변화를 알려주듯, 목소리는 지금의 나를 비추는 또 하나의 거울입니다. 중요한 것은 있는 그대로의 나를 받아들이는 태도입니다. 모든 변화는 자기 인식과 수용에서 시작하기 때문입니다.

지금 내 목소리가 기대만큼 멋지지 않아도 괜찮습니다. 작은 변화 속에서 내 강점을 발견하며 성장할 수 있습니다. 예를 들어, 평소에는 인식하지 못했던 따뜻함이나 설득력을 내 목소리에서 찾아볼 수 있습니다. 새로운 발성법을 시도해보면, 조금씩 달라지는 소리를 통해 내 안의 가능성을 깨닫게 될지도 모릅니다.

우리는 거울을 보며 외모를 가꾸면서도 정작 '목소리'라는 거울을 통해 내면을 들여다보는 일에는 익숙하지 않습니다. 하지만 목소리는 나의 감정, 성격, 습관, 정체성과 자존감, 심지어 무의식까지 드러내는 중요한 요소입니다. 내 목소리를 깊이 이해하는 과정은 곧 나를 더 깊이 이해하는 과정이며, 이는 성장, 깨달음, 관계 형성, 소통 능력 향상의 중요한 출발점이 됩니다. 내가 자주 쓰는 말, 감정을 표현하는 방식, 어떤 상황에서 목소리가 위축되는지를 인식하게 되면 스스로의 한계를 파악하고 이를 극복할 기회를 만들 수 있습니다.

인간관계에서도 목소리는 단순한 전달 수단을 넘어섭니다. 톤, 강세, 속도는 상대방이 나를 어떻게 받아들이는지를 결정하는 중요한 요소입니다. 차분하고 부드러운 목소리는 신뢰를 형성하고, 명확한 발음과 적절한 강세는 설득력을 높입니다. 반면, 불안하거나 지나치게 빠른 말투는 긴장을 유발할 수 있습니다. 내 목소리를 인식하고 조절하는 능력은 더 깊은 신뢰와 공감을 이끌어내는 힘이 됩니다.

목소리는 후천적인 노력으로 충분히 변화할 수 있습니다. 호흡, 발성, 공명, 말투를 분석하고 개선하면 목소리가 안정되고, 자연스럽게 자신감과 리더십이 따라옵니다.

지금부터라도 내 목소리에 주의를 기울여보세요. 훈련과 성찰을 통해 감정과 생각, 관계를 깊이 이해하고, 신뢰받고 영향력 있는 사람으로 거듭날 수 있습니다. 소중한 내 목소리를 찾아 세상에 자신 있게 펼쳐보시기 바랍니다.

2장

좋은 목소리의 메커니즘

목소리는
어디서 어떻게 만들어질까

내 몸속 작은 악기

목소리를 만들어내는 성대는 후두 안에 위치해 있습니다. 후두는 우리가 손으로 목을 만졌을 때 느껴지는 가운데 튀어나온 부분입니다. 남성의 후두는 특히 더 도드라져 보여 흔히 '아담스 애플(Adam's apple)'이라 불리는데 남성의 후두가 더 눈에 띄는 이유는 크기와 각도의 차이 때문입니다. 사춘기를 거치면서 남성의 후두는 더 커지고, 앞쪽 연골의 각도가 좁아지며 돌출된 형태를 띠게 됩니다.

    이러한 구조적 차이는 성대 길이와 두께에도 영향을 줍니다. 남성의 성대는 여성보다 길고 두꺼워 더 낮고 깊은 소리를 내며, 여성의 성대는

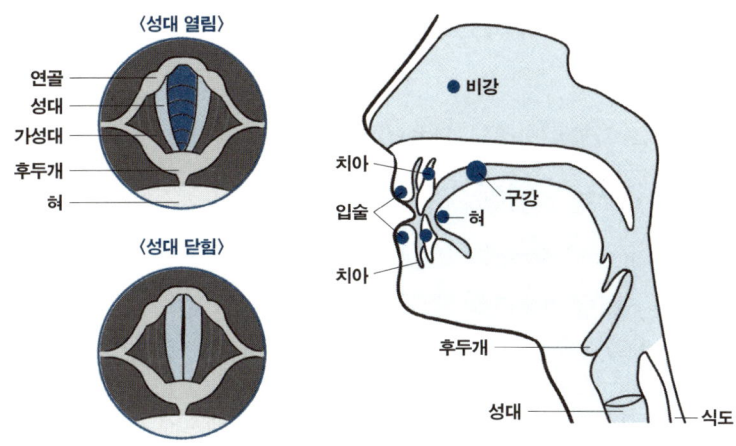

짧고 얇아 높고 맑은 음색을 띱니다. 즉, 후두의 발달은 남녀 간 음역과 톤의 차이를 만드는 주요 요인입니다.

후두는 단지 소리를 내는 기관에 그치지 않습니다. 기도를 보호하고, 힘을 쓸 때 신체를 안정시키는 등 다양한 역할을 합니다. 예를 들어, 음식물이 기도로 들어가는 것을 막고, 무거운 물건을 들 때 내부 압력을 유지해 몸에 힘이 제대로 전달되도록 도와줍니다. 결국 후두는 목소리뿐 아니라 호흡과 삼킴, 힘을 주는 기능에까지 영향을 미치는 중요한 기관입니다.

엄지손톱만 한 근육이 목소리를 결정한다

소리를 만들어내는 성대는 생각보다 작은 기관입니다. 엄지손톱만 한 크기의 이 근육은 두 개의 점막이 열리고 닫히면서 공기의 흐름을 이용해 진동합니다. 이 진동은 인두, 구강, 비강을 통과하며 공명되고 우리가 듣는 목소리로 변합니다.

목소리는 성대의 길이와 두께, 근육의 사용 방식, 그리고 공기의 양에 따라 달라집니다. 사람마다 성대 구조가 다르기 때문에 목소리도 마치 지문처럼 개인 고유의 특성을 갖죠. 또한 성대는 나이에 따라 변하므로 목소리만 듣고도 연령대를 가늠할 수 있습니다.

많은 사람이 원하는 목소리를 내는 데 어려움을 겪습니다. 머릿속에서는 더 부드럽거나 또렷한 소리를 상상하지만, 실제 말소리는 기대와 다르게 들리곤 하죠. 하지만 성대도 근육이기 때문에 얼마든지 훈련을 통해 조절할 수 있습니다.

그렇다면 성대는 어떻게 움직일까요? 성대는 호흡할 때 벌어지고, 소리를 낼 때는 서로 모여서 진동합니다. 폐에서 나온 공기가 성대를 통과하며 접촉을 유도할 때, 규칙적인 떨림이 발생하면서 소리가 만들어지죠. 좋은 목소리를 갖고 싶다면 성대의 섬세한 조절 능력을 이해해야 합니다.

좋은 목소리의
공식

성대 접촉 정도와 진동 속도

성대 조절의 핵심은 다양한 소리를 자유롭게 만들어내는 데 있습니다. 성대는 미세한 조절을 통해 음색, 강약, 높낮이를 조정하며, 부드러운 목소리부터 힘 있는 목소리, 따뜻한 톤부터 또렷한 톤까지 원하는 대로 표현할 수 있습니다.

 성대 조절에서 중요한 요소 중 하나는 성대 접촉의 정도입니다. 성대가 얼마나 강하게 닫히느냐에 따라 소리의 성격이 달라집니다. 강하게 접촉하면 단단하고 힘 있는 소리가 나오고, 약하게 접촉하면 부드럽고 숨이 섞인 소리가 납니다. 예를 들어, 뉴스 앵커는 명확하게 전달하기 위해 성대 접촉을 강하게 유지하지만, ASMR 아티스트는 성대를 살짝 열어 공기가 섞인 부드러운 소리를 냅니다.

성대의 장력(팽팽함) 조절도 매우 중요합니다. 성대를 길고 얇게 늘리면 진동이 빨라져 높은 음이 나고, 반대로 짧고 두껍게 이완하면 진동이 느려져 낮은 음이 납니다. 그래서 가수는 고음을 낼 때 성대를 길고 얇게 당겨 긴장시키고, 저음을 낼 때는 성대를 짧고 두껍게 만들어 안정적으로 소리를 냅니다. 성대 조절이 제대로 되지 않으면 고음에서는 목소리가 갈라지고, 저음에서는 힘이 빠져 흐릿하게 들릴 수 있습니다.

성대 진동 속도 조절 또한 다양한 소리를 내는 데 중요한 요소입니다. 성대는 빠르게 진동할수록 높은 소리가, 느리게 진동할수록 낮은 소리가 납니다. 이 조절 능력이 뛰어난 사람은 고음과 저음을 자유롭게 오갈 수 있습니다. 예를 들어, 스포츠 중계 아나운서는 흥미로운 순간에는 높은 톤으로, 차분한 순간에는 낮은 톤으로 조절하며 극적인 효과를 만듭니다.

속삭임부터 외침까지, 성대의 열고 닫힘으로 다양한 감정을 표현한다

성대의 열림과 닫힘은 다양한 감정 표현을 가능하게 합니다. 성대가 완전히 닫히면 맑고 강한 소리가, 살짝 열리면 부드럽고 속삭이는 소리가 납니다. 배우들은 감정을 표현할 때 이 성대 개폐 조절을 적극 활용하는

데요. 긴장감을 줄 때는 성대를 덜 닫아 속삭이듯 말하고, 강한 감정을 전달할 때는 완전히 닫아 선명한 소리를 냅니다. 노래할 때도 마찬가지입니다. 발라드 가수는 성대를 덜 닫고 공기를 섞어 나지막한 소리로 애절함을 전달하고, 락 가수는 성대를 꽉 닫아 단단한 소리를 내면서 강렬한 감정을 표현합니다.

성대 조절은 일상의 감정 표현에도 영향을 미칩니다. 아이를 재울 때는 성대를 덜 닫아 부드럽고 낮게 말하고, 발표나 회의에서는 성대를 단단히 닫아 선명하고 또렷한 목소리로 자신감을 전달합니다. 이렇게 성대는 목소리의 느낌과 표현력을 풍부하게 만드는 중요한 기관입니다. 성대 조절 원리를 이해하고 연습하면 듣기 좋은 목소리뿐 아니라 감정을 잘 전달하는 목소리로 만들 수 있습니다.

첫 번째 공식,
부드러운 성대로
좋은 소리를 만들어라

좋은 목소리는 힘으로 만들어지는 것이 아니라, 부드러운 성대 접촉과 공기 흐름의 조화로 완성됩니다. 성대가 너무 긴장하면 딱딱하고 피로한 소리가 나고, 성대가 지나치게 이완되면 힘없는 소리가 납니다. 자연스럽게 닫히면서도 부드럽게 진동하는 성대가 편안하면서도 힘 있는 목소리를 만들어내죠.

실제 사례를 볼까요?

A 씨는 고객 상담 업무를 하는 직장인입니다. 하루 종일 전화 상담을 하다 보니 목이 자주 쉬고 목소리가 갈라졌습니다. 또렷하게 말하려고 성대에 힘을 줬지만, 오히려 목소리는 뻣뻣하고 건조해졌고 고객 반응

도 좋지 않았습니다. 상담은 자연스러운 소통이 중요한데, 불필요한 긴장이 성대를 경직시켜 차갑고 딱딱한 인상을 준 것이죠. 이런 상태가 계속되자 점점 말하는 일이 부담스러워졌고, 고객과의 대화가 스트레스로 다가왔습니다. 결국 업무에 대한 자신감과 만족감까지 떨어졌죠.

B 교수님도 비슷한 사례입니다. 강의 중 학생들의 집중력을 높이기 위해 목소리에 힘을 줬지만, 성대가 경직된 상태에서 오래 말하니 금세 목이 아파왔습니다. 한 시간만 강의해도 소리를 내기가 힘들었고, 강의가 끝난 후에는 목이 뻐근하고 피로했습니다. 학생들의 반응도 줄어들고, 본인도 점점 말을 아끼게 되면서 수업의 역동성이 떨어지는 것을 느꼈습니다. 성대가 충분히 유연하지 않으면 원하는 만큼의 힘을 줄 수 없고, 쉽게 피로해지며 목소리가 단조로워질 수밖에 없습니다. 이런 상태가 지속되면 성대결절 같은 음성 장애로 이어질 수 있습니다.

이처럼 성대의 유연성과 조절 능력은 목소리 건강뿐 아니라 직업적 수행 능력에도 큰 영향을 미칩니다. 불필요한 긴장을 줄이고 성대를 자연스럽게 활용하는 법을 익히면 더 오래 편안하게 말할 수 있습니다. 그리고 듣는 이에게도 보다 긍정적인 인상을 줄 수 있습니다. 목소리는 상대방과 신뢰를 형성하는 중요한 도구이기 때문에 올바른 발성 습관을 익히는 것이 무엇보다 중요합니다.

성대 움직임과 공기 흐름의 균형 맞추기가 핵심

그렇다면 성대를 잘 조절하려면 어떻게 해야 할까요? 핵심은 공기 흐름과 성대의 움직임의 균형을 맞추는 것입니다. 운동선수가 몸의 힘을 적절히 배분하듯, 성대도 적절한 힘과 긴장이 필요합니다. 적당한 접촉을 유지하는 것이 부드럽고 듣기 좋은 목소리를 만드는 핵심입니다.

성대 조절은 단순한 근력 조절이 아니라, 미세한 감각을 조절하는 것입니다. 이를 위해 성대의 접촉 강도를 세밀하게 조정하는 연습이 필요합니다. 가볍게 속삭이다가 점점 소리를 키워보며 성대의 반응을 체감해보는 게 도움 되고요. 성대에 불필요한 힘이 들어가면 공명이 방해받고 소리가 거칠어질 수 있으므로, 목과 어깨의 긴장을 푸는 것도 중요합니다. 결국 좋은 목소리는 힘을 자연스럽고 유연하게 조절하는 데서 나옵니다. 이를 위해 적절한 발성 연습과 긴장 완화 훈련을 병행하면, 보다 건강하고 매력적인 목소리를 만들 수 있습니다.

소리 내는 감각을
깨워봅시다

목소리 교정은 '느낌'을 깨우는 것이 먼저

발성을 처음 배우는 분들이 가장 어려워하는 점은 '배워도 모르겠다'는 느낌입니다. 수업을 들을 때는 이해가 되는 것 같다가도, 막상 혼자 연습하려면 감을 잡지 못해 막막하다고 이야기하죠. 그래서 많은 분들이 "어떻게 해야 하나요?"라는 질문을 가장 많이 합니다.

이럴 때 중요한 건 감각과 방법을 구분하는 것입니다. 단순히 방법을 안다고 해서 곧바로 감각이 따라오는 것은 아닙니다. 우리가 몸을 자유롭게 움직일 수 있는 이유는 눈으로 보지 않아도 신체의 위치와 근육의 긴장도를 감지하는 고유수용감각(Proprioception) 덕분입니다. 하지만 발성기관, 특히 성대와 후두(목울대)는 손이나 발처럼 예민한 감각 수용기가 많지 않아 움직임을 느끼기 어렵죠. 눈으로 볼 수도 없고, 직접 만져서 조정할 수도 없기에 더 막연한 느낌이 드는 것입니다.

그렇다면 어떻게 해야 할까요? 핵심은 신체적 피드백을 활용하는 것입니다. 예를 들어 1) 말을 하며 목에 손을 가볍게 대어 성대의 진동을 느껴보기 2) 입안의 압력과 공기 흐름에 집중해보기 3) 녹음이나 거울을 활용해 시각·청각적으로 피드백해보기 등의 좋은 방법이 있습니다.

감각은 연습을 통해 서서히 길러집니다. 방법을 익히는 것도 중요하지만, 스스로 어떤 감각을 느껴야 하는지 깨닫는 과정이 반드시 필요합니다. 그렇게 하다 보면 어느 순간 '아, 이제 발성이 뭔지 알 것 같다'는 느낌이 찾아옵니다.

좋은 목소리를 만들기 위한 중요한 감각은 다음과 같습니다.

1. 성대의 진동 감각
2. 입안과 목 안쪽의 압력 감각 (공기 흐름과 공명)
3. 입술, 혀, 입천장의 촉각 피드백

 감각 훈련은 크게 세 가지 접근으로 진행합니다

감각을 세밀하게 인식하고 훈련하면, 목소리는 더 자연스럽고 편안하게 변화합니다. 반대로 감각을 인식하지 못한 채 기계적으로 연습하면 불필요한 긴장이 쌓이고, 소리도

> 점점 왜곡될 수 있습니다. 그렇기 때문에 발성을 효과적으로 익히기 위해서는 다음과 같은 훈련이 필요합니다.
>
> - 촉각적 피드백 훈련: 성대의 진동과 후두의 움직임을 직접 느끼는 연습
> - 청각적 훈련: 좋은 소리와 나쁜 소리를 비교하며 조절하는 연습
> - 신체 감각 훈련: 발성과 연결된 근육의 미세한 움직임을 자각하는 연습
>
> 발성 훈련을 처음 시작한 분들은 자신이 입을 얼마나 벌리는지, 소리를 어디에 머금고 있는지, 목에 얼마나 힘을 주고 있는지 스스로 느끼기 어렵습니다. 결국 발성의 핵심은 이런 '감각'을 정확히 인식하는 것입니다. 감각을 깨우지 못하면 아무리 연습해도 원하는 목소리를 얻기 어렵습니다.
>
> 그럼 이제 발성기관의 감각을 깨우고 활용하는 방법을 깊이 알아볼 차례입니다. 그중에서도 가장 먼저 익혀야 할 것은 후두(목울대)의 움직임입니다. 후두는 성대가 위치한 기관이자 소리를 만들어내는 핵심 역할을 합니다.

후두와 성대 감각 익히기 포인트

후두가 안정적으로 움직이고 있나요?

목소리의 다양한 질감은 후두의 움직임과 밀접한 관련이 있습니다. 하지만 많은 사람이 후두의 존재를 의식하지 못한 채 발성합니다. 뒤에서 후두의 움직임을 직접 느껴보는 연습을 해보겠습니다.

그다음으로 후두의 움직임을 안정적으로 가져가는 연습을 진행해볼 텐데요. 목소리의 울림이 일정하지 않고 중간중간 끊기는 것은 모두 후두가 불안정하게 움직이고 있기 때문입니다. 특히 후두의 움직임이 위

아래로 크게 흔들리거나 과도하게 목과 후두에 힘이 들어간 상태로 발성하면 답답한 목소리로 이어질 수 있습니다.

성대를 붙이고 떼는 감각을 익힌다

성대와 입, 혀, 구개 등의 근육을 어떻게 쓰느냐에 따라 목소리의 매력도 크게 달라질 수 있습니다. 예를 들어, 말할 때 입을 거의 움직이지 않으면 답답하게 들리지만, 반대로 입을 자연스럽게 열고 발음하면 더 활기차고 듣기 좋은 소리가 납니다. 얼굴 근육이 표정을 바꾸듯이, 발성에 사용되는 근육을 활용하는 방식에 따라 목소리의 느낌이 완전히 달라질 수 있습니다.

또한 성대 감각을 익히면 과도한 긴장이나 비효율적인 사용을 줄일 수 있고, 소리의 질감을 섬세하게 조절하는 데 큰 도움이 됩니다. 예를 들어, 목소리가 지나치게 뻣뻣하거나 불편하게 느껴질 때, 성대가 과하게 긴장한 상태라는 걸 인지하고 조절하면 보다 부드럽고 자연스러운 소리를 찾을 수 있습니다. 그리고 성대 감각은 발음의 정확성 향상에도 도움이 되죠.

성대 감각 익히기 연습은 목이 아니라 성대를 움직여보는 것부터 시작합니다. 목소리 교정 시 '성대를 움직여보라'고 하면 많은 분들이 목구멍을 조이는 것과 많이 혼동하는데요. 엄연히 목을 여는 것과 조이는 것(목구멍을 좁히는 것), 성대를 붙이는 것(성대가 닫히는 느낌)과 벌리는 것은 완전히 다른 감각입니다. 뒤에서 이 감각들을 구분해 상황에 맞게 움직이고 조절하는 연습을 해보겠습니다.

  성대를 움직이는 감각에 익숙해지면, 그다음은 성대를 안정적으로 진동시키는 연습을 해볼 텐데요. 성대의 떨림으로 더 힘 있고 자연스러운 목소리를 만들 수 있습니다.

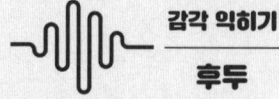

감각 익히기 - 후두

후두의 위치와 움직임 확인해보기

① 손으로 목 중앙의 돌출된 부위를 가볍게 만져보세요. 손끝에서 진동이 느껴지는 부분이 후두입니다.

② 거울을 보며 침을 삼켜보세요. 삼키는 순간 후두가 위로 움직이는 것이 느껴지나요?

③ 입술을 오므리고 입으로 천천히 숨을 들이마셔보세요. 후두가 아래로 내려가는 것이 느껴지나요?

④ '흥흥흥', '하~', '허~' 같은 가벼운 소리를 내면서 후두가 올라가는지 내려가는지 움직임을 느껴보세요.

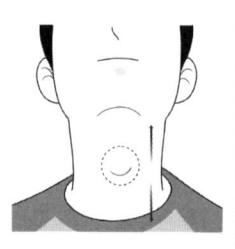

⑤ 손끝을 후두에 가볍게 댄 상태에서 다음 문장을 낭독하며 후두의 움직임을 느껴보세요.

안녕하세요, 오늘 하루도 좋은 날입니다.

※ ①~⑤ 순서대로 따라 하는 동안 후두가 과도하게 움직인다면 긴장을 풀고 후두를 안정된 위치에 두는 연습이 필요합니다.

후두의 안정성을 길러보기

① 목 한가운데 불룩한 부분(후두)에 손가락을 가볍게 대고, '아~~~' 하고 소리를 내 보세요.
단순히 길게 "아~"만 내면 움직임이 잘 안 느껴질 수 있으니, "안녕하세요" 같은 짧은 말을 천천히 발성해보는 것도 좋습니다.

② 이때 후두가 꿀꺽꿀꺽 심하게 위아래로 흔들리거나, 목 안쪽이 조여 숨 막히는 듯한 압박감이 있다면 발성할 때 과도한 힘이 들어갔다는 신호입니다. 힘을 빼고 목을 편안하게 유지하세요.

③ 하품하듯 입을 크게 벌리고 턱을 떨어뜨려 깊게 숨을 들이마시면, 후두가 자연스럽게 내려갑니다. 이 안정된 위치를 유지한 채, 부드럽게 숨을 내쉬어보세요.

※ 거울을 보며 후두뿐 아니라 목과 어깨의 움직임도 확인하면서 연습하세요. 후두가 과도하게 올라가거나 목과 어깨가 긴장된 모습이 보이면, 목에 무리가 가고 있다는 신호입니다.

감각 익히기
성대

목을 여는 느낌 구분하기

① 입을 크게 열고 시원하게 숨을 들이마십니다.

② 공기가 입천장 뒤쪽의 부드러운 아치형 부분(연구개)을 통과하는 느낌을 느껴보세요. 거울로 입안을 보았을 때 목젖이 보이는 부분입니다.

③ 숨을 한두 번 더 들이마시면서, 연구개가 위로 확장되어 목 안 공간이 넓어지는 감각을 느껴보세요. 이때의 감각이 바로 목이 열리는 느낌입니다.
발성할 때도 이 상태를 유지하려고 해보세요.

※ 연구개가 올라가면 목 안이 넓어지면서 숨과 소리가 시원하게 빠져나갑니다. 이 감각을 기억하세요.

성대 접촉과 진동 느끼기

① 기침을 이용해 성대 감각을 깨워봅시다.

'음, 흠' 하고 가볍게 기침을 해보세요. 평소 숨 쉴 때와 달리, 목 안쪽에 순간적인 압력이 느껴질 것입니다. 이때 성대가 닫히는 느낌을 인식해보세요.

② '힛' 하고 짧게 숨을 내뱉은 후 멈춰봅니다.

그 상태에서 '이~' 하고 소리를 내보세요. 이때 목 안쪽에 압력이 달라진 것(성대가 맞닿는 느낌)을 느껴보세요.

③ 허밍하며 진동을 느껴봅시다.

입을 다문 채 '음~' 소리를 내보세요. 성대가 접촉하며 공기가 울려 퍼지고, 그 과정에서 입안과 목 주변에 진동이 전해지는 것을 느낄 수 있습니다.

성대 진동을 안면 진동으로 확장하기

① 손가락으로 코 아래 인중을 살짝 누르고 '음~' 허밍 소리를 내보세요.

② 성대에서 시작된 소리가 얼굴 앞으로 울려 퍼지면서, 코 주변이나 윗입술 위쪽에 작은 떨림이 느껴질 것입니다.

③ 허밍을 이어가며, 그 떨림이 점점 위로 퍼져서 볼이나 이마 쪽에서도 가볍게 울리는 느낌을 찾아보세요.

※ 성대에서 시작된 진동을 얼굴 전체로 확장해 느끼면, 소리가 더 밝고 힘 있게 퍼지며 목의 부담도 줄어듭니다.

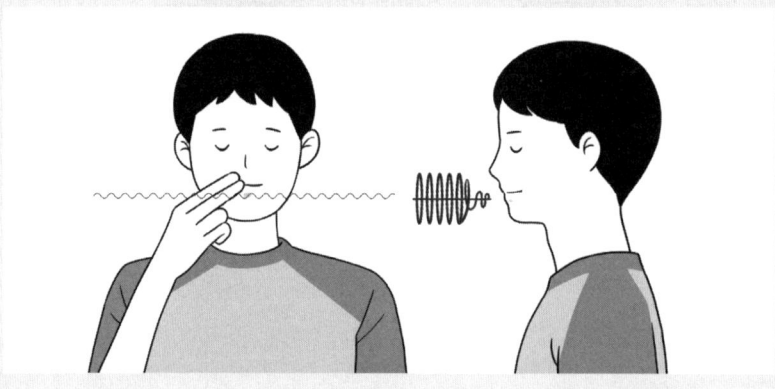

진성(chest voice)과 가성(falsetto) 구분하기

목소리를 제대로 활용하려면 진성과 가성을 명확히 구분할 필요가 있습니다.

① 먼저, 평소 말하듯 자연스럽게 "아~" 하고 소리를 내보세요.
  → 이것이 진성입니다.
② 이번에는, 풍선 바람이 새듯 가볍게 "아~" 하고 소리를 내보세요.
  → 이것이 가성입니다.
③ 두 소리의 목 안쪽 감각 차이를 비교해 보세요.

진성으로 말하면 목소리가 또렷하고 안정적으로 들려 신뢰감을 줍니다. 반면 가성으로 이야기하면 소리가 약하고 가볍게 들려 상대방이 듣기에는 흐릿하거나 자신감이 없어 보일 수 있습니다. 특히 비즈니스나 중요한 발표 상황에서는 진성으로 말하는 습관을 들이는 것이 좋습니다.

여기서 중요한 점은, 진성과 가성이 전혀 별개의 소리가 아니라는 것입니다. 두 소리는 모두 같은 성대에서 만들어지지만, 사용하는 방식이 다릅니다. 진성은 성대가 전체적으로 단단히 닫히며 밀도 있고 힘 있는 소리를 내는 방식이고, 가성은 성대의 가장자리만 닫히고 가운데가 벌어져 공기가 새어 나오면서 가볍고 얇은 소리가 만들어지는 방식입니다. 마치 같은 악기를 다른 주법으로 연주하는 것과 같다고 할 수 있습니다.

가성은 노래에서 특별한 표현을 할 때 유용하게 쓰일 수 있지만, 대화에서는 진성으로 말해야 신뢰감과 권위를 높이고 보다 선명하고 강한 인상을 줄 수 있습니다.

두 번째 공식,
호흡으로 목소리의
크기, 강도, 울림을 조절하라

우리는 두 가지의 호흡을 하며 살아갑니다. 하나는 생존을 위한 무의식적인 호흡이고, 다른 하나는 말이나 노래를 하기 위한 의도적인 호흡입니다. 생명 유지에 필요한 호흡은 자동으로 이루어지지만, 발성을 위한 호흡은 방식이나 목적에 따라 조정됩니다. 성대는 각각의 호흡 흐름에 반응해 진동하며 소리를 만들어내죠. 이 때문에 발성을 흔히 복식호흡과 동일시하는 경우가 많지만, 발성은 한 가지 호흡법만으로 이루어지지 않습니다.

호흡은 들이쉬기(흡기)와 내쉬기(호기)로 나뉘며, 이를 조절하는 방식에 따라 발성의 질이 달라집니다. 숨을 들이쉴 때는 횡격막이 내려가고 폐가 확장되면서 공기가 들어오고, 이 과정에서 복부와 갈비뼈가 팽창해 신체가 필요한 만큼의 공기를 받아들입니다. 반대로, 숨을 내쉴 때는 횡격막이 올라가고 복부가 수축하며 공기가 배출됩니다. 발성은 바로 이 호기 과정에서 이루어지며, 공기의 흐름을 어떻게 조절하느냐에 따라 목소리의 크기, 강도, 울림이 결정됩니다.

발성을 위해 가장 먼저 해야 할 것, 숨 내보내기

호흡은 한자로 내쉴 '호(呼)'와 마실 '흡(吸)'으로 이루어져 있습니다. 흡호(吸呼)가 아니라 호흡(呼吸)이라고 표현하는 이유는 숨을 먼저 내보내야 새로운 숨을 들이마실 수 있음을 강조하기 위한 것 아닐까요?

우리가 말할 때 숨이 짧게 느껴지는 이유 중 하나는 충분히 숨을 들이마시지 못해서가 아니라, 이미 들이마신 숨을 제대로 내보내지 못해서입니다. 따라서 발성을 위해 가장 먼저 해야 할 일은 이미 가진 숨을 완전히 비워내는 것입니다. 비워내지 못한 상태에서는 호흡이 계속 얕아질 수밖에 없고, 이런 상태가 반복되면 목소리도 자연스럽게 힘이 빠지고 불안정해집니다. 숨을 비운 후에야 비로소 자연스럽게 새로운 공기가 몸에 들어오고, 깊고 안정적인 호흡이 가능해지죠. 이 과정이 반복되면 호흡의 흐름이 부드러워지고, 말할 때도 힘을 덜 들이면서 명확한 소리를 낼 수 있습니다.

어떻게 '내쉬느냐'에 따라 말하는 분위기가 달라진다

결국 좋은 발성은 얼마나 많이 숨을 들이마시느냐가 아니라, 어떻게 내쉬느냐에 달려 있습니다. 예를 들어, 긴장한 발표자가 지나치게 깊거나 급하게 숨을 들이마시면 성대가 긴장하면서 목소리가 경직되고 불안정해집니다. 반면, 차분하게 숨을 들이쉬고 적절한 속도로 내쉬면 보다 안정적이고 신뢰감을 주는 목소리가 나옵니다. 내쉬는 방식 또한 중요한데, 숨을 강하게 내쉬면 날카롭고 강한 소리가 나고, 부드럽게 내쉬면 따뜻하고 감미로운 소리가 납니다.

"괜찮아."라는 한마디도 숨을 어떻게 내쉬느냐에 따라 다르게 들립니다. 짧고 거친 숨을 내쉬면서 말하면 짜증 섞인 느낌을 주지만, 부드럽고 여유 있게 숨을 내쉬면서 말하면 진심 어린 위로로 전달됩니다. 이렇게 같은 말이라도 숨을 어떻게 사용하느냐에 따라 전달하는 감정과 의미가 달라지며, 이는 청중이 받아들이는 방식에도 큰 영향을 미칩니다.

목소리 훈련에서 '복식호흡'을 강조하는 이유

복식호흡, 정말 그렇게 중요할까요

평소에 복식호흡을 의식적으로 유지하며 생활하는 사람은 거의 없을 겁니다. 저 역시 상황에 따라 자연스럽게 숨을 쉽니다. 그런데도 많은 발성 교육에서는 복식호흡을 지나치게 강조합니다. 이는 숲을 보지 못하고 나무만 보는 격입니다. 완벽한 호흡법을 익히면 모든 발성 문제가 해결될까요? 사실 호흡 자체가 근본적인 문제가 되는 경우는 많지 않습니다.

대부분의 목소리 문제는 발음이나 발화 습관에서 비롯됩니다. 목이 조여진 상태에서 무리하게 소리를 내면 목에 피로가 쌓이고, 결국 발성과 호흡 방식이 바뀌게 됩니다. 복식호흡이 중요하지 않다는 뜻은 아닙니다. 다만, 발성 문제의 본질을 간과한 채 '호흡만 해결하면 된다'는 식의 접근은 위험합니다. 호흡은 억지로 통제할 대상이 아닙니다. 또한, 발성의 중요한 요소이긴 해도 마치 신비한 비법인 양 여겨서도 안 됩니다. 발성에서 호흡은 하나의 정형화된 방식이 아니라, 상황에 따라 다양한 의미와 역할을 가지기 때문입니다.

복식호흡이 발성의 기본이라 하더라도, 모두에게 동일하게 적용되지는 않습니다. 복부의 힘을 잘못 쓰거나 가슴만 과도하게 올리는 사람의 경우에는 힘 쓰는 방식부터 바로잡아 훈련해야 합니다. 단순히 복식호흡을 익히는 것보다 숨을 먼저 비우는 연습, 긴장을 풀고 호흡을 이완시키는 연습, 그리고 상황에 맞게 호흡을 조절하는 능력을 기르는 것이 더 중요합니다. 호흡이 자연스럽게 흐르도록 하고, 성대와의 조화를 이해하는 것이 진정한 발성 훈련의 핵심입니다.

상황과 목적에 맞는 유연한 호흡법이 필요

'머시여?'라는 이 전라도 사투리 한마디에 우리는 놀람, 반가움, 어이없음 등 다양한 감정을 담을 수 있습니다.

"아니, 머시여! 이게 웬 떡이여?" (놀람)

"머시여~ 오랜만이네!" (반가움)

이처럼 의미가 폭넓은 표현은 문맥에 따라 자연스럽게 해석됩니다. 정확히 설명하긴 어렵지만 우리는 듣는 순간 그 뜻을 맥락을 통해 자연스럽게 이해하고 활용하죠. 영어 단어 'Get'도 마찬가지입니다. '얻다', '알다', '되다' 등 쓰임이 다양하고, 뜻만 해도 30가지가 넘습니다. 하지만 우리는 문장 속에서 자연스럽게 그 의미를 파악할 수 있습니다.

마찬가지로 호흡에도 흐름, 균형, 속도, 깊이 등 여러 요소가 있으며, 이들이 조합되어 상황에 따라 다르게 조절되고 활용됩니다.

예를 들어, 뉴스 앵커는 뉴스를 또렷하게 전달하기 위해 일정한 호흡 흐름을 유지해야 합니다. 들숨과 날숨의 균형이 맞지 않으면 문장 중간에 숨이 차거나 마무리가 흐려질 수 있습니다. 반면, 스포츠 캐스터처럼 빠르게 정보를 전달해야 하는 직업에서는 순간적으로 강하게 호흡을 내보내며 에너지를 실어야 하고, 이와 달리 안정감을 유도해야 하는 요가 강사는 부드럽고 깊은 호흡으로 말해야 합니다.

이처럼 호흡은 생리적 작용을 넘어 말의 흐름과 감정 전달까지 좌우합니다. 그런데도 이를 복식호흡 하나로만 해결하려 한다면 발성 훈련은 오히려 경직될 수 있죠. 중요한 것은 특정 호흡법을 고집하기보다 상황과 목적에 맞게 호흡을 유연하게 활용하는 것입니다.

복식호흡과 흉식호흡의 차이

복식호흡은 횡격막이 아래로 내려가면서 복부가 팽창하고 수축하는 방식으로 이루어집니다. 이 과정에서 폐 하부까지 공기가 채워져 산소 교환이 효율적으로 이루어지고, 깊고 안정적인 호흡이 가능해지죠. 덕분에 긴 문장을 말하거나 노래할 때 유리하며, 긴장을 완화하고 몸을 이완시키는 효과가 있습니다. 그러나 복식호흡이 항상 장점만 있는 것은 아닙니다. 흉식호흡에 익숙한 사람에게는 다소 어려울 수 있고, 잘못된 방식으로 배우면 복부에 과도한 힘을 주거나 배를 쥐어짜는 식이 될 위험이 있습니다. 이는 성대에 필요한 힘을 제대로 전달하지 않아 발성을 방해할 수 있죠. 또한 복식호흡은 누워 있거나 안정된 자세에서 더 잘 되는 경향이 있어, 서 있거나 움직이는 상황에서는 유지하기 어려울 수 있습니다.

복식 호흡

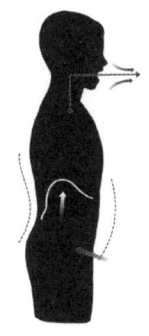
흉식 호흡

반면 흉식호흡은 가슴의 움직임을 중심으로 이루어지며, 순간적인 힘이나 짧고 빠른 호흡이 필요한 상황에 유리합니다. 다만, 폐 상부 위주로 공기가 채워지기 때문에 깊고 안정적인 호흡에는 한계가 있습니다. 결국 발성에서는 복식호흡과 흉식호흡의 장점을 결합한 '흉복식 호흡'이 실용적입니다. 이는 가슴과 복부를 조화롭게 사용하는 방식으로, 서 있거나 활동하는 상황에서도 효과적으로 적용할 수 있어 발성과 일상생활 모두에 적합합니다.

복식호흡과 성문하압

복식호흡은 성대와 성문하압과 밀접하게 연결된 과정입니다. 이를 제대로 이해하지 못하면 잘못된 훈련으로 이어질 수 있습니다.

무거운 물건을 들 때를 떠올려보세요. 자연스럽게 숨을 멈추고 성대를 닫게 됩니다. 이를 '성문하압'이라고 합니다. 성대 아래에 형성된 압력으로서 성대를 진동시키는 중요한 역할을 하죠. 발성 연습에서 복부에 힘을 주는 이유도 결국 성문하압을 높여 성대를 안정적으로 진동시키기 위함입니다. 성대가 느슨하면 목소리가 갈라지고 거칠어질 수밖에 없지만, 성대가 적절히 팽팽하면 현악기 줄처럼 아름다운 울림과 공명이 만들어집니다.

배에 힘을 준다고 복식호흡이 아니다

많은 분들이 더 좋은 발성을 위해 배에 힘을 주거나 복부를 강하게 조이는 연습을 합니다. 하지만 이는 올바른 접근이 아닙니다. 성대가 제대로 닫히지 않은 상태에서 복부에만 힘을 주면 공기가 효과적으로 쓰이지 못하고, 오히려 발성이 불안정해집니다.

좋은 발성을 위해서는 먼저 목을 열고, 한숨 쉬듯 자연스러운 공기 흐름을 만들어야 합니다. 복식호흡은 복부와 횡격막의 움직임으로 호흡을 조절하는 방식이지, 숨을 억지로 밀어내거나 배를 쥐어짜는 것이 아닙니다. 복식호흡과 배에 힘을 주는 것은 구분되어야 합니다.

인위적인 호흡 연습은 자연스러운 발성을 방해할 수 있습니다. 실제로 강연자가 복식호흡을 신경 쓰느라 자연스러운 억양을 잃기도 하고, 가수가 숨을 억지로 길게 유지하려다 목소리가 경직되기도 하죠.

결국, 발성 훈련의 핵심은 숨을 먼저 내보내고 자연스럽게 들이마시는 흐름을 몸에 익히는 데 있습니다. 자신에게 맞는 호흡 방식을 찾아 꾸준히 연습해보세요.

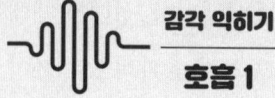

누워서 하는 복식호흡

① 바닥에 편안히 누워 배에 손을 얹습니다.

② 코로 깊게 숨을 들이마시며 복부가 부풀어 오르는 것을 느낍니다.

③ 입으로 숨을 내쉬며 복부가 자연스럽게 수축되도록 합니다.

④ 위 과정을 5~10회 반복해 호흡의 흐름을 익힙니다.

※ 바닥에 편안히 누워 손을 배 위에 올리고 연습을 진행하면 중력의 영향을 덜 받기 때문에 호흡이 자연스럽게 이루어집니다.
숨을 들이마신 뒤 복부가 급격히 꺼지지 않는다면, 호흡이 안정적으로 지지되고 있는 것입니다. 이 연습을 할 때는 억지로 배 아래까지 숨을 채우려 하기보다 호흡이 자연스럽게 흐르는지에 집중하세요.

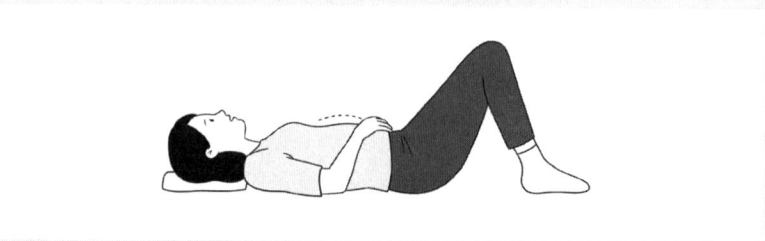

목소리를 안정시키는 호흡 연습

① 코로 천천히 숨을 4박자 동안 들이마십니다.

② 2박자 동안 숨을 잠시 멈추며 성대에 전해지는 압력을 느껴보세요.

③ 입으로 '스~' 소리를 내며 8박자 동안 숨을 내쉽니다. 처음에는 작게 시작해 점차 강하게 숨을 내보내봅니다.

④ 위 과정을 5회 반복합니다.

※ 속으로 '하나~ 둘~ 셋~ 넷…' 숫자를 세는 것이 박자를 조절하는 데 도움이 됩니다.
특히 8박자가 끝날 때까지 잔여 숨이 남지 않도록 모두 내보내는 것이 중요합니다. 단, 숨을 끝까지 내쉴 때 배를 억지로 쥐어짜거나 입과 목에 힘이 들어가지 않도록 주의하세요.

원활한 호흡 흐름을 만드는 '쉬~취~' 연습

쉬~ 호흡 연습(약 → 강)

① 입을 살짝 벌리고 치아와 혀 사이를 빠르게 통과하는 바람 소리 '쉬~'를 부드럽게 내봅니다.
'쉿! 조용히 해' 하듯 적당한 공기 흐름이면 충분합니다.

② 처음에는 공기를 가볍게 내보내다가 점점 강하고 길게 뻗어나가도록 연습합니다.

③ 다음 지문처럼 변화를 주며 '쉬~' 소리를 내봅니다.
복부가 자연스럽게 수축하는 느낌을 살피면서 소리를 길게 이어 숨이 다 할 때까지 부드럽게 내보냅니다. 이때 인위적으로 배를 당기듯 힘 주지 않도록 주의하세요.

쉬! 쉬 쉬~~ (짧게 → 강하게 → 길게)
쉬~~ 쉬! 쉬 (길게 → 짧게 → 부드럽게)

취~ 호흡 연습(강 → 약)

① 다음 지문의 지시대로 '취~' 소리를 내면서 공기가 빠져나가는 감각을 느껴보세요.

취! 취! 취~~ (짧게 → 강하게 → 길게 부드럽게)
취~ 취~~ 취~~! (가볍게 → 점점 강하게)

② '쉬~' 소리를 짧게, '취~' 소리를 길게 내보내거나 그 반대로 연습하며 호흡 길이

를 조절합니다.

'쉬~+취~' 호흡 연습

① 다음 지문의 지시대로 '쉬~ 취~ ' 소리를 내는 연습을 해봅시다.

취! 쉬~ 쉬~ (강하게 → 약하게 → 약하게)

쉬~ 취! 취! (약하게 → 강하게 → 강하게)

취! 쉬~ 취! (강하게 → 약하게 → 강하게)

쉬~ 쉬~ 취! (약하게 → 약하게 → 강하게)

※ 몸과 목에 힘이 들어가지 않도록 주의하고, 호흡이 어색하게 끊어지지 않게, 리듬감 있게 연습합니다. 그리고 소리를 내는 동안 복부가 자연스럽게 움직이는지 확인하세요.
배에 지나치게 힘을 주거나 숨을 억지로 끊지 말고, 편안한 호흡 흐름을 유지하는 것이 중요합니다. 목이나 가슴 등에 불편함이 느껴지면 즉시 멈추고 호흡 상태를 점검하세요.

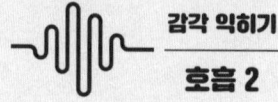
감각 익히기
호흡 2

호흡으로 발성기관 깨우기

목 열기

① 손바닥을 입 앞에 살짝 댑니다.

② 추운 날 언 손을 녹이듯 '하~' 하고 부드럽게 숨을 내쉽니다.

③ 따뜻한 바람이 손바닥에 닿는 느낌과 함께, 후두가 내려가며 목이 열리는 감각을 느껴보세요.

입안과 목 이완하기

① 코로 천천히 숨을 들이마십니다.

② 뜨거운 밥이 입안에 있다고 상상하며, 그것을 식히기 위해 '흐~~' 하고 부드럽게 입김을 내보냅니다. 이때 공기가 입안에 잠시 머무는 감각에 집중하세요. 그렇게 하면 후두가 자연스럽게 아래로 내려가

고, 기류는 앞으로 안정적으로 흘러나갑니다.

③ 5~10초간 반복하며 입과 목의 이완을 느껴봅니다.

하품과 한숨으로 몸 이완하기

① '하~' 소리와 함께 하품하듯 크게 입을 벌리고 숨을 내쉽니다.

② 깊은 한숨을 쉬듯 '후~' 소리를 부드럽게 내며 몸의 긴장을 풀어줍니다.
이 과정에서 성대가 자연스럽게 열리고 진동하면서, 편안하고 좋은 목소리를 낼 준비가 됩니다.

'ㅎ' 발음하며 성대 열기

① '하~' 소리를 내면서 하품하듯 입을 크게 벌려 부드럽게 숨을 내보냅니다.

② '후~' 소리를 내며 긴 한숨을 쉬듯 몸의 긴장을 풀어줍니다.

③ '흐흠~' 하고 가볍게 목을 울려보며 성대의 진동을 느껴봅니다.

※ 하, 호, 후, 흐, 흘, 헉 같은 짧은 소리를 반복하면서 공기 흐름이 막히지 않고 시원하게 빠져나가는지, 목과 어깨에 힘이 들어가지 않는지, 성대가 편안하게 열려 있는지를 함께 관찰합니다.

호흡과 발성 자연스럽게 연결하기

단어 연습

다음 제시된 단어를 천천히 말해보세요. 단어를 발음할 때는 숨이 함께 흘러나오도록 해보세요.
목에서 막히지 않게 하고, 따뜻한 입김을 불어내듯 부드럽게 소리를 내는 것이 좋습니다. 똑똑하게 울리는 소리보다 숨이 함께 실려 나가는 느낌에 집중해보세요.

하나 하늘 하루 행복
해결 함께 현재

문장 연습

다음 문장을 호흡을 실어 'ㅎ' 발음을 의식하며 발음해봅니다.
처음에는 천천히, 그다음에는 평소 말하는 속도로 연습합니다. 소리가 너무 세게 나오지 않도록, 숨결이 실린 듯 가볍게 소리를 내보세요.

하늘이 맑아서 기분이 좋아요.
하나씩 천천히 해결해보자.
하루하루 행복을 찾아보세요.
함께하면 더 힘이 나요.
희망을 가지고 한 걸음 나아가세요.

일상 대화에서 연습

일상 대화를 할 때도 'ㅎ' 발음이 목에서 걸리지 않고, 따뜻한 숨결처럼 부드럽게 흘러나오도록 의식하며 말해보세요.

대화를 나누면서 목과 어깨에 힘이 들어가지는 않는지, 공기가 시원하게 빠져나가는지 확인하는 것이 좋습니다.

[대화 예시]

A: 오늘 하루 어땠어요?

B: 하늘이 맑아서 기분이 좋았어요. 행복한 하루였어요!

세 번째 공식,
공명으로 목소리에 깊이를 더하라

우리는 울림이 풍부한 목소리를 가진 사람과 대화할 때, 자연스럽게 그 목소리에 집중하게 되고 더 편안함을 느낍니다. 반면, 울림이 부족한 목소리에는 피로감을 느끼거나 신뢰감이 떨어지곤 하죠. 이러한 차이를 만드는 핵심 요소가 바로 공명(Resonance)입니다.

공명이란 성대에서 만들어진 소리가 몸속 여러 공간을 지나며 증폭되고 변형되는 현상입니다. 마치 빈 방에서 소리가 울리는 것처럼, 우리 몸의 특정 공간들이 공명 효과를 만들어내 목소리를 더 깊고 풍성하게 만들죠. 그렇다면 공명은 단순한 물리적 현상일까요? 사실 공명은 단지 목소리의 크기나 울림뿐 아니라 감정 전달과 설득력에도 영향을 줍니다.

리더십과 카리스마를 드높이는 공명

공명이 풍부한 목소리는 듣기 좋을 뿐 아니라 신뢰감, 설득력, 감정 전달에 직접적인 영향을 미칩니다. 많은 연구에서도 공명이 강조된 목소리가 사람들의 인식과 태도에 중요한 역할을 한다는 점이 확인되었죠.

미국 서던캘리포니아 대학교(USC)의 연구에 따르면, 성공적인 TED 강연자의 목소리에는 공통된 특징이 있다고 합니다. 연구팀이 수백 개의 강연을 분석한 결과, 인기 연사일수록 공명이 풍부한 목소리를 가지고 있었고, 이로 인해 더 큰 신뢰를 얻고 감정을 효과적으로 전달한다는 점이 확인되었습니다. 사람들은 말의 내용뿐 아니라, 목소리의 울림과 깊이에서 안정감과 신뢰를 느낍니다. 특히 낮고 깊은 울림은 권위 있는 인상을 주며, 설득력을 높이는 데 도움을 줍니다.

네 가지 공명 공간과 그 역할

공명 조절법을 익히면 목소리를 더 깊고 신뢰감 있게 만들 수 있습니다. 대표적인 공명 공간은 구강, 비강, 인두강, 입술강이며 이러한 공명강은 소리의 성질을 조절하는 중요한 역할을 합니다.

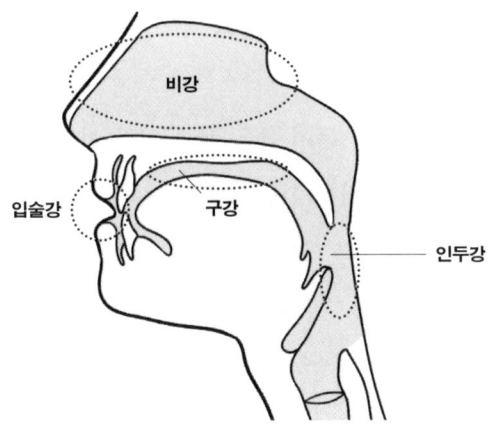

구강(입안) – 음색과 밝기 조절

구강은 공명에서 가장 중요한 역할을 합니다. 입을 얼마나 크게 여느냐, 혀의 위치가 어디에 있느냐에 따라 소리의 밝기와 깊이가 결정됩니다. 입을 충분히 열면 또렷하고 명확한 발음이 나오고 반대로 입을 작게 열면 소리가 흐릿하고 답답하게 나올 수 있습니다.

비강(코 안) – 부드러움과 따뜻함 부여

비강 공명은 소리에 따뜻함과 부드러움을 더합니다. 감기에 걸려 코가 막히면 목소리가 답답하게 들리는 것도 비강을 활용하지 못하기 때문입니다. 다만, 비강 공명이 지나치면 콧소리가 강해져 발음이 불명확해질 수 있으므로 적절한 조절이 필요합니다.

인두강(목구멍 뒤쪽) – 울림 확장과 깊이감 부여

인두강은 목구멍 뒤쪽, 입과 코 사이 깊은 공간으로 목소리에 깊이와 울림을 더해주는 핵심 통로입니다. 가수나 연극배우들이 힘 있고 선명한 소리를 내는 것도 이 공간을 효과적으로 활용하기 때문입니다. 이곳이 닫히면 소리가 납작하고 밋밋하게 들려서 힘이 약해지고, 멀리 퍼지지 않습니다. 따라서 하품하듯 목 안쪽을 열어주는 연습이 필요합니다.

입술강(입술) – 명료한 발음과 직진성 강화

입술은 공명에 영향을 미치는 중요한 요소입니다. 탄력적으로 움직일수록 발음이 정확해지고 전달력이 극대화됩니다. 유연한 입술은 모음과 자음의 조화를 돕고, 다양한 감정을 자연스럽게 표현할 수 있도록 해줍니다.

위의 네 가지 공명강 외에도 부비동(코 주변의 공기 주머니)이 있습니다. 부비동은 비강과 함께 작용해 소리의 울림을 보강하고, 목소리에 공간감과 깊이를 더합니다. 이곳이 막히면 목소리가 둔탁하게 들리고, 잘 활용되면 보다 입체적이고 풍성한 소리가 나오죠.

이처럼 우리 몸에는 다양한 공명 공간이 존재하며, 이를 효과적으로 활용하면 단순한 음량 조절을 넘어 신뢰감과 설득력을 높이는 목소리를 만들 수 있습니다.

'공명'으로 상대의 마음을 움직이는 사람들

공명은 감정을 울리고 사람의 마음을 움직이는 힘을 가집니다. 울림이 깊은 목소리는 메시지를 효과적으로 전달할 뿐 아니라 신뢰를 얻고, 깊은 인상을 남기죠.

오바마 전 미국 대통령은 특유의 깊은 울림과 설득력 있는 목소리로 유명합니다. 그는 가슴 공명을 활용해 낮고 풍부한 소리를 내며, 입안과 목 뒤쪽 공간을 넓게 써 부드럽고 힘 있는 인상을 줍니다. 연설을 들으면 마치 한 사람 한 사람에게 직접 말하는 듯한 편안함이 느껴지는데, 이는 공명을 잘 조절하기 때문입니다. 강약 조절과 소리의 울림을 바꾸는 방식으로 청중의 집중력을 끌어올리죠.

배우 모건 프리먼의 목소리도 깊은 울림과 무게감으로 유명합니다. 그는 가슴 공명을 활용해 낮고 묵직한 소리를 만들고, 문장을 천천히 끌어가며 공명의 효과를 극대화하죠. 덕분에 그의 목소리는 듣는 이들에게 신뢰와 권위를 주어 영화나 다큐멘터리 내레이션에 자주 쓰입니다.

스티브 잡스는 프레젠테이션을 하나의 공연처럼 만들었습니다. 그는 공명의 깊이와 말의 강약을 조절해 청중의 집중력을 이끌어냈고, 경쾌한 설명과 차분한 울림을 조화롭게 배치해 중요한 메시지에 감정 몰입을 유도했습니다. 아이폰을 처음 공개할 때도 공명과 쉼을 적절히 활용해 몰입도를 극대화했죠.

국민 MC 유재석은 특유의 또렷하고 경쾌한 목소리로 오랫동안 대중의 사랑을 받고 있습니다. 빠른 말 속에서도 정확한 발음과 안정된 공명을 유지하며 듣기 편안한 소리를 만듭니다. 장시간 진행해도 목소리가 쉽게 피로해지지 않는 것은 공명과 발성의 균형을 잘 조절하기 때문입니다. 그의 목소리는 친근하면서도 신뢰감을 주며, 감정을 풍부하게 전달하는 대표적인 사례입니다.

이처럼 공명을 효과적으로 활용하는 사람들은 좋은 목소리를 통해 분위기를 조성하고, 감정을 움직입니다. 공명은 단순한 발성 기술이 아니라, 사람의 존재감을 드러내고 신뢰를 구축하는 중요한 요소입니다.

마지막으로 공명은 목소리를 크게 만드는 것 외에도 세련된 표현력을 결정하는 중요한 요소입니다. 명확한 발음과 조화로운 공명은 목소리를 한층 세련되고 우아하게 만들죠. 이제부터 말할 때 공명을 적극적으로 활용해보세요. 목소리 하나만으로도 사람들에게 더욱 존재감 있는 사람이 될 수 있습니다.

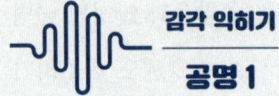

밝고 생동감 있는 소리 – 상부 공명

목소리는 울림의 위치에 따라 인상이 달라집니다. 이를 조절할 줄 알면 보다 효과적으로 목소리를 활용할 수 있죠. 다음은 위쪽, 아래쪽, 앞쪽, 뒤쪽 네 가지 방향에 따른 공명의 특징입니다. 각 방향의 차이를 이해하고 연습하면, 목소리를 더 자유롭게 조절할 수 있습니다.

밝고 생동감 있는 소리 – 상부 공명

비강(코), 전두동(이마), 두개골은 주요 상부 공명 부위입니다. 이곳을 활용하면 소리가 가볍고 맑고 생동감 있게 들립니다. 상부 공명을 잘 활용하면 발음이 또렷하고 명료해지며, 높은 음역대에서 표현력이 풍부해집니다.

이 공명은 밝고 경쾌한 느낌을 주기 때문에 뮤지컬 배우나 어린아이 같은 목소리, 또는 서비스업에서 자주 사용하는 '사랑합니다, 고객님'과 같은 친근한 톤에 활용됩니다. 듣기 편하고 활기찬 인상을 줄 수 있지만, 과도하면 소리가 날카롭거나 인위적으로 느껴지고, 피곤한 느낌을 줄 수 있어 적절한 균형이 필요합니다.

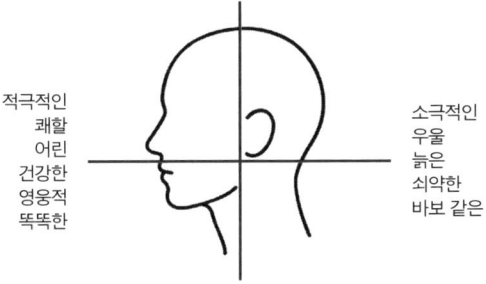

방향	공명 위치	특징	예시	장점	단점
상부 (위쪽)	비강, 전두동	밝고 가벼운 소리	뮤지컬 배우, 어린 목소리	명료하고 생동감 있음	과하면 날카롭거나 피곤한 느낌
하부 (아래쪽)	흉강, 후두, 가슴	깊고 안정적인 소리	라디오 DJ, 저음 성우	신뢰감과 무게감 있음	둔탁하거나 웅얼거릴 수 있음
전방 (앞쪽)	입, 치아, 전두동	또렷하고 설득력 있는 소리	뉴스 앵커, 강연자	말의 전달력이 높고 집중력 증가	과하면 공격적으로 들릴 수 있음
후방 (뒤쪽)	후두, 목, 뒤쪽	부드럽고 편안한 소리	감미로운 보컬, 상담가	듣기 편안하고 따뜻한 인상	힘이 빠지면 웅얼거릴 수 있음

무게감 있고 신뢰감 주는 소리 – 하부 공명

흉강(가슴), 후두(목), 복부(횡격막)는 하부 공명의 중심입니다. 이 부위를 활용하면 소리가 깊고 울림이 강해져 무게감과 신뢰감을 전달할 수 있습니다. 낮은 음역대와 연결되어 차분한 분위기를 형성하는 데 효과적입니다.

 라디오 DJ, 저음이 강조된 성우, 경건한 분위기를 조성하는 성직자의 목소리에서 자주 들을 수 있습니다. 안정감을 주고 권위를 느끼게 한다는 장점이 있지만, 과도하게 낮아질 경우 둔탁하거나 웅얼거리는 느낌을 줄 수 있습니다.

또렷하고 설득력 있는 소리 – 전방 공명

입, 치아, 전두동(이마 근처) 부위를 활용하는 전방 공명은 소리를 뚜렷하고 힘 있게 전달합니다. 논리적이고 설득력 있는 느낌을 주며, 명확한 발음과 함께 말의 전달력을 높이는 데 효과적입니다.

 뉴스 앵커, 강연자, 변호사처럼 전문적으로 말하는 직업군에서 필수적인 공명 방식입니다. 말이 선명하게 전달되어 청중의 집중력을 높일 수 있다는 장점이 있지만, 힘이 과도하게 들어갈 경우 공격적이거나 부담스럽게 들릴 수 있습니다.

부드럽고 편안한 소리 – 후방 공명

후두, 목 뒤쪽, 흉강(가슴)을 활용하는 후방 공명은 소리를 부드럽고 감미롭게 만들어 줍니다. 공기가 목 뒤를 타고 흐르며 따뜻한 톤을 형성해 듣는 이에게 편안함을 줍니다. 감미로운 보컬, 상담가, 낭독가의 목소리에 자주 나타나며, 안정적이고 부드러운 인상을 남깁니다. 하지만 소리가 지나치게 뒤쪽으로 몰리면 힘이 빠지고 웅얼거리는 인상을 줄 수 있어 주의가 필요합니다.

  이처럼 사람의 목소리는 어느 곳에 중점을 두는가에 따라 몸의 여러 구조에서 공명을 거치며 더욱 크고 풍부하게 울립니다. 마치 기타나 바이올린이 울림통을 통해 깊은 소리를 내듯, 몸도 공명을 활용하면 힘들이지 않고도 선명하고 안정적인 소리를 낼 수 있습니다. 또 공명을 잘 활용하면 목에 부담을 주지 않으면서도 말의 전달력이 좋아지고, 감정 표현도 풍부해집니다. 반면, 공명이 부족하면 소리가 약하거나 답답하게 들릴 수 있습니다. 이제 각 공명 부위의 특징을 이해했으니, 몸의 진동을 느끼면서 익히는 방법을 살펴보겠습니다.

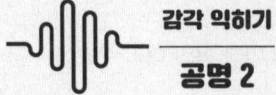

밝고 가벼운 소리의 핵심, 상부 공명

① 입을 가볍게 다물고 '밍~', '응~' 소리를 길게 내며 코와 이마(전두동) 울림을 느낍니다. 손가락으로 코와 이마를 가볍게 두드리며 울림을 더 명확하게 확인합니다.

② '미~', '니~' 소리를 반복하며 비강(코) 쪽으로 공명이 집중되는지 확인합니다. 거울을 보며 입꼬리를 살짝 올리고 '이~' 소리를 내어 밝고 명료한 소리를 만듭니다.

③ '하이', '호이' 등의 단어로 음을 올리고 내리면서 공명을 유지하되, 과도한 비음이 나지 않도록 조절합니다.

※ 코 안에서 울림이 느껴져야 하지만, 과도한 비음(코맹맹이 소리)이 나지 않도록 조절해야 합니다. 고음을 낼 때는 힘을 주기보다 가볍게 공기를 흘려보내는 것이 중요합니다.

무게감 있는 소리의 핵심, 하부 공명

① 한 손을 가슴에, 다른 손은 배 위에 올리고 '웅~' 소리를 내며 가슴 울림을 느낍니다.

② '오~', '우~' 소리를 길게 내며 가슴과 배의 울림을 강화합니다.

③ 낮은 음역대에서 '아~'를 천천히 발음하며 흉강 울림을 극대화합니다.

④ 낮고 부드러운 톤으로 '안녕하세요' 같은 문장을 말해봅니다.

※ 배에 힘을 빼고, 목이 조이지 않도록 자연스럽게 소리를 냅니다. 후두를 과하게 내리면 목이 경직될 수 있으니 주의하세요. 인위적으로 낮은 소리를 내기보다 편안한 톤에서 깊은 울림을 찾는 것이 중요합니다.

따뜻하고 감미로운 소리의 비밀, 후방 공명

① 편안한 자세로 앉아 '흐~' 소리를 내며 몸의 긴장을 풉니다. 하품하듯 입안을 열고 '아~'를 부드럽게 발음합니다.

② '호~', '허~' 같은 숨이 섞인 소리를 내며 목 뒤쪽의 이완을 느껴봅니다. 거울을 보며 어깨와 목에 힘이 들어가지 않도록 신경 씁니다.

③ 속삭이듯 낮고 편안한 톤으로 짧은 문장을 읽어봅니다.
(상담가처럼 부드럽고 따뜻하게 말하는 연습을 합니다.)

※ 힘을 빼고 자연스럽게 말하는 것이 가장 중요합니다. 목에 힘이 들어가면 공명이 사라질 수 있으므로 주의하세요. 그리고 속삭이듯 말하면 후두가 올라갈 수 있으니 적절한 힘을 유지하는 데 신경 쓰도록 합니다.

모든 공명의 중심, 전방 공명

① 입을 가볍게 다물고 '험~' 소리를 내며 코와 입술 주변의 울림을 느껴봅니다.

② 거울을 보며 '나나나', '다다다', '라라라'를 또렷하게 발음합니다.

③ 입을 크게 열고 '에~', '애~'를 발음하며 치아와 입술 주변의 울림을 느낍니다.

④ '나~', '다~', '라~' 같은 자음+모음 조합을 반복해 발음합니다.

⑤ 입 앞 10센티미터 거리에서 손을 대고 바람과 소리가 앞으로 나오는지 확인합니다.

※ 소리가 입안에서 뭉개지지 않도록 주의하세요. 치아와 입술 주변에서 울림이 느껴지는 것이 이상적인 공명입니다. 입술과 혀를 적극적으로 사용해 분명한 발음을 연습하세요.

 전방 공명을 기준으로 연습하는 것이 좋습니다

공명 위치마다 고유한 특징이 있어, 상황과 목적에 따라 적절한 공명을 사용하는 것이 중요합니다. 캐릭터에 따라 어울리는 소리도 다르죠. 하지만 대부분의 발성 훈련은 전방 공명을 기본으로 삼습니다. 그 이유는 전방 공명이 소리를 또렷하고 힘 있게 전달하는 데 도움을 주기 때문입니다. 또한 전방 공명을 확실하게 익히면 다른 공명도 자유롭게 조절할 수 있습니다. 그뿐 아니라 건강한 음성 사용에도 유리해, 음성 치료나 발성 교육에서도 가장 많이 강조됩니다. 전방 공명을 기준으로 연습해보세요.

네 번째 공식,
또렷한 모음 발음이
전달력 있는 목소리를 만든다

같은 내용을 이야기해도 어떤 사람의 말은 또렷하게 전달되는 반면, 어떤 사람의 말은 흐릿하게 전달됩니다. 중요한 발표 자리에서 분명히 잘 설명했다고 생각했지만, 청중이 제대로 이해하지 못하는 경우도 있습니다. 일상에서도 이런 차이는 자주 나타납니다. 예를 들어, 길을 물어볼 때 어떤 사람의 말은 쉽게 이해되지만, 어떤 사람의 말은 몇 번을 되물어야 겨우 알아들을 수 있습니다.

같은 말을 해도 전달력이 달라지는 이유는 무엇일까요? 핵심은 바로 발음(조음, articulation)입니다. 말이 명확하게 들리게 하려면 성대를 울리는 것만으로는 부족합니다. 어떻게 발음하느냐에 따라 말의 선명도가 달라지고, 그에 따라 듣는 사람의 이해도와 신뢰도가 달라집니다.

또렷한 발음을 위해 가장 신경 써야 할 것은?

말이 또렷하게 들리느냐, 흐릿하게 들리느냐는 성대의 능력만으로 결정되지 않습니다. 성대는 기본적인 소리를 만들지만, 우리가 실제로 듣는 선명한 소리는 혀, 입술, 치아, 연구개 등 조음기관이 미세하게 조절되면서 완성됩니다. 예를 들어, '가'와 '나'는 모두 성대가 울리면서 만들어지지만, '가'는 혀가 연구개에 가까워지며, '나'는 혀끝이 치조에 닿으며 형성됩니다. 이러한 미묘한 차이가 전달력의 차이를 만들고, 결국 상대방이 우리의 말을 얼마나 쉽게 이해하느냐를 결정짓습니다.

그렇다면 또렷한 발음을 위해 가장 먼저 신경 써야 할 것은 무엇일까요? 바로 모음 발음입니다. 모음이 정확하지 않으면 자음도 흐려지고, 전체적인 말소리가 부정확해질 수 있습니다. 특히, 모음은 입 모양과 혀의 위치에 따라 달라지는데, 이를 정리한 대표적인 도식이 모음 사각도(Vowel Quadrilateral)입니다. 이는 주로 영어 음성학에서 사용되며, 혀의 앞뒤와 높낮이를 기준으로 정리한 도표입니다. 하지만 우리말의 경우에는 '모음 삼각도'가 더 적합합니다. 우리말 모음의 분포를 보다 직관적으로 보여주기 때문입니다. 이 삼각도를 이해하면 발음할 때 혀의 위치와 입 모양을 어떻게 조절할지 감을 잡을 수 있어, 더 명확한 발음을 만들 수 있습니다.

이제, 모음 삼각도를 통해 보다 명확한 발음을 만드는 방법을 알아보겠습니다.

모음 삼각도

정확한 발음을 위해서는 소리가 만들어지는 공간을 명확히 인식하는 것이 중요합니다. 일부 사람들은 '아'와 '어'를 애매하게 발음하거나, '이'와 '에'의 차이를 모호하게 발음하기도 합니다. 이는 혀와 입술의 위치를 정확히 조절하지 못해 생기는 현상입니다. 이때 모음 삼각도를 활용하면 혀의 높이와 위치, 입술 모양을 체계적으로 조절할 수 있어 발음이 더 선명해집니다. 악기를 연주할 때 손가락의 위치에 따라 음이 달라지듯, 모음도 혀의 움직임과 입술 모양에 따라 소리가 달라집니다.

예를 들어, '이'는 혀가 높이 올라가고 입술이 좌우로 벌어지지만, '우'는 혀가 뒤쪽에 위치하며 입술이 둥글게 오므라듭니다. 혀와 입술의 작은 변화만으로도 발음이 크게 달라질 수 있기 때문에, 보다 정확한 발음을 원한다면 모음 삼각도를 익히고 활용하는 것이 큰 도움이 됩니다.

다음에서 좀더 자세히 살펴보겠습니다.

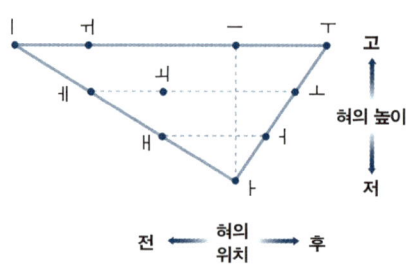

혀의 높이에 따른 구분

모음을 발음할 때 혀가 얼마나 높이 위치하는지에 따라 소리가 달라집니다.

- 낮은 위치: 입을 크게 열면 혀가 낮은 위치에 있어 '아'처럼 깊고 개방적인 소리가 납니다.
- 중간 위치: 입을 적당히 열면 혀가 중간 높이에 있어 '어'나 '에'처럼 균형 잡힌 소리가 납니다.
- 높은 위치: 입을 작게 열면 혀가 높이 올라가 '이'나 '우'처럼 가늘고 선명한 소리가 납니다.

혀의 앞뒤 위치에 따른 구분

혀가 입안에서 어느 위치에 있는지에 따라 맑거나 묵직한 소리가 납니다.

- 앞쪽 위치: 혀가 앞쪽에 있으면 '이', '에', '애'처럼 밝고 가벼운 소리가 납니다.
- 뒤쪽 위치: 혀가 뒤쪽에 있으면 '우', '오', '어'처럼 낮고 묵직한 소리가 납니다.

입술 모양에 따른 구분

같은 혀 위치라도 입술을 어떻게 움직이느냐에 따라 소리가 달라집니다.

- 둥글게 모음: 입술을 둥글게 모으면 '우', '오'처럼 깊고 둥근 소리가 납니다.
- 넓게 펼침: 입술을 펴면 '이', '에', '아'처럼 개방적이고 넓게 퍼지는 소리가 납니다.

조음기관별 소리 생성 원리

그렇다면 발음을 결정짓는 주요 조음기관들은 각각 어떤 역할을 할까요? 혀는 다양한 자음을 만들어내는 핵심 기관이며, 입술은 발음의 명확성과 강약을 조절하는 역할을 합니다. 치아는 혀와 만나면서 마찰음을 형성하고, 경구개는 공명감 있는 소리를 조절하며, 연구개는 공기의 흐름을 조절해 비음을 만들어냅니다. 다음은 각 조음기관이 어떻게 소리를 만들어내는지에 대한 설명입니다.

혀 – 가장 핵심적인 조음기관
혀의 위치와 모양이 바뀌는 것만으로도 여러 가지 소리를 만들어낼 수 있습니다.

- 혀끝이 윗니 뿌리(치조)에 닿으면 'ㄷ, ㅌ' 같은 소리가 납니다.
- 혀뿌리가 입천장 뒤쪽에 닿으면 'ㄱ, ㅋ' 같은 소리가 만들어

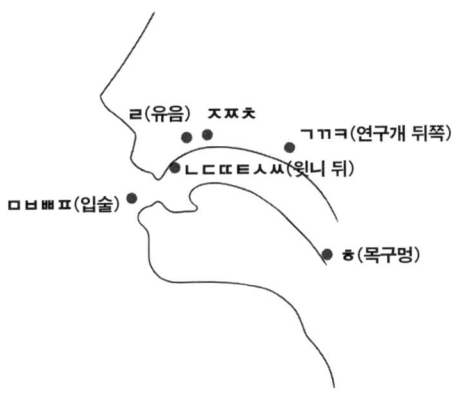

집니다.

- 혀를 둥글게 말면 'ㄹ' 소리가 나는데, 이때 혀의 유연성이 중요합니다.

혀는 매우 민감한 근육으로, 작은 움직임만으로도 소리의 성격이 확연히 달라집니다. 예를 들어, '다'와 '라'의 차이는 혀끝의 움직임에서 비롯됩니다. 혀끝이 치조에 단단히 닿으면 '다', 살짝 말려서 부드럽게 닿으면 '라'가 됩니다.

입술 – 발음의 명확성과 강도 조절

- 입술을 단단히 모으면 'ㅂ, ㅍ' 같은 파열음이 만들어집니다.
- 입술을 둥글게 모으면 '오, 우' 같은 모음이 형성됩니다.

- 입술을 활짝 펴면 '이' 소리가 더욱 선명해집니다.

예를 들어, '바'와 '빠'의 차이는 입술을 얼마나 강하게 닫았다가 터뜨리느냐에 따라 달라집니다. 입술을 살짝 닫았다가 열면 '바', 단단히 닫았다가 강하게 열면 '빠'가 됩니다. 이처럼 입술의 탄력적인 사용은 발음을 보다 명확하고 힘 있게 만들어줍니다.

치아 – 마찰음 형성

- 혀끝이 윗니에 가깝게 위치하면 'ㅅ, ㅆ' 같은 날카로운 마찰음이 형성됩니다.
- 영어의 'th' 소리처럼, 혀끝이 아랫니와 윗니 사이에 위치하면 특유의 마찰음이 만들어집니다.

'사'와 '싸'의 차이를 생각해보면 이해하기 쉽습니다. '사'는 혀끝이 윗니에 가볍게 닿으면서 부드럽게 발음되는 반면, '싸'는 혀끝의 힘이 더 들어가면서 강한 마찰음이 만들어집니다.

경구개 – 공명 조절

혀가 경구개와 얼마나 가까이 위치하는지에 따라 소리의 울림과 공명감이 달라집니다.

- 혀가 경구개 가까이에서 진동하면 'ㅅ, ㅊ' 같은 소리가 납니다.
- 소리를 보다 부드럽고 풍부하게 만들고 싶다면, 혀의 위치를 미세하게 조절하는 것이 중요합니다.

예를 들어, '자'와 '차'는 같은 조음 위치(경구개 앞쪽)에서 만들어지지만, 차이는 성대의 진동 여부와 공기의 세기에서 비롯됩니다. '자'는 성대가 울리며 부드럽게 발음되고, '차'는 성대가 울리지 않고 더 강하게 공기가 터져 나오면서 발음됩니다.

연구개(여린 입천장) - 비음 조절
연구개는 입천장 뒤쪽의 부드러운 부분으로, 공기가 코로 빠지느냐 아니냐를 결정하는 역할을 합니다.

- 연구개가 올라가면 공기가 입을 통해 나와서 선명한 소리가 납니다.
- 연구개가 내려가면 공기가 코로 빠지면서 'ㅇ, ㅁ, ㄴ' 같은 비음이 형성됩니다.

예를 들어, '가'와 '응'을 비교해보면 차이가 명확합니다. '가'는 연구개가 올라가면서 입으로만 소리가 나고, '응'은 연구개가 내려가 공기가 코로 빠지면서 만들어집니다.

　발음을 효과적으로 연습하려면 자음과 모음의 균형, 안정된 호흡, 객관적인 자기 점검이 중요합니다. 자음이 너무 강하면 거칠게 들리고, 모음이 명확하지 않으면 웅얼거리는 소리가 나므로, 입과 혀의 힘을 조절하는 연습이 필요합니다. 또한 호흡이 부족하면 말끝이 흐려질 수 있으므로 문장을 천천히 읽으며 일정한 호흡을 유지하는 것이 필요합니다. 자신의 목소리를 녹음해 점검하고, 실생활에서 또렷한 발음을 의식적으로 적용하는 습관을 들이면 전달력이 더욱 향상됩니다. 작은 조정만으로도 목소리가 선명해지고, 듣는 사람에게 더 명확한 메시지를 전달할 수 있으니, 꾸준히 연습하며 변화를 경험해보세요.

목 안의 공간과 발음의 느낌 확인하기

① 혀끝을 윗니 바로 뒤(치경)에 가져가보세요. 그다음 그 위치를 의식하며 '라라라라'라고 발음해봅니다. 치경에서 '나', '라', '다' 같은 발음이 만들어집니다.

② 혀끝을 입천장, 즉 경구개에 살짝 대어 보세요. 그 느낌을 의식하며 '차차차차'라고 발음해봅니다.
혀가 입천장을 막았다가 열어주면서 'ㅈ' 발음과 'ㅊ' 발음이 만들어집니다.

③ 혀 뒷부분을 목 쪽으로 이동시키면 부드러운 부분, 연구개가 느껴집니다. 이곳을 혀로 느끼며 '악가, 악가, 악가'라고 발음해보세요. 연구개는 비강과 구강을 구분해주는 중요한 역할을 합니다. 목젖이 달려 있는 부분이 바로 연구개이며, 이곳에서 'ㄱ' 발음이 만들어집니다.

④ 입을 가볍게 벌리고, 턱에 힘을 주지 말고 편안히 둔 채 혀의 움직임에 집중하며 '타타타타'라고 반복 발음해보세요.
혀가 자유롭게 움직일수록 발음이 선명하게 잘 나옵니다.

※ 목 안의 공간과 각 부위를 의식적으로 느끼고 발음해보면, 각 발음이 어떻게 형성되는지 더 잘 이해할 수 있습니다.

조음기관 충분히 사용하기 - 혀

① 다음 제시어를 따라 읽으면서 발음을 또렷하고 빠르게 조절하는 훈련을 해봅시다.

(민첩성 강화 연습)

라라라라   따따따   나나나

(혀끝 조절 연습)

다다다   따따따   다따다따

(설측음 연습)

라라라   르르르   라르라르

② 다음 제시어를 따라 읽으면서 발음의 빠른 변환과 구개 진동을 연습해봅시다.

(빠른 변환 연습)

나라다   따라타   다라다라

(구개 진동 연습)

따르르   다르르   라르르

③ 발음이 어려운 조합의 제시어를 따라 읽어봅시다.

(혀 탄력성 강화 연습)

트르트르   드르드르   르트르트

(자음 변화 연습)

빠따빠따   까다까다   짜따짜따

④ 다음 제시 문장을 따라 읽어봅니다.

나란히 따라가보자.
라디오 멘트를 따라 해봐.
다다다 달려가자!

※ 연습할 때는 유성음(다, 라)과 무성음(트)처럼 성대 진동 여부가 다른 발음을 번갈아 하면 좋습니다. 여기에 경음(따)을 함께 넣어 연습하면 혀끝의 전환 능력이 더욱 향상됩니다. 예를 들어, '라르라르', '다따다따' 같은 반복 패턴은 혀의 탄력을 키워 다양한 발음 환경에서도 원활한 조절을 가능하게 합니다.

조음기관 충분히 사용하기 - 입술

① 입술을 뽀뽀하는 모양으로 오므린 후 '부우우' 하고 공기를 내보냅니다. 그리고 다음 제시어를 말해봅시다.

(입술 근육 활성화)
바 파 마 빠

② 다음 제시어를 읽으면서 입술을 강하게 사용하는 연습을 해봅니다.

(입술 근력 강화 연습)
바바바   파파파   마마마   빠빠빠

(입술 조절 연습)
바파마빠   빠마바파   마빠파바 .

③ 다음 제시어를 읽으면서 입술을 탄력있게 사용하는 연습을 해봅시다.

(입술 탄력 연습)
뿌뿌뿌   뽀뽀뽀   푸푸푸   부부부

(입술 진동 연습)
뻬뻬뻬   퍼퍼퍼   버버버   머머머

④ 다음 제시어를 읽으면서 입술 움직임을 연습해봅시다.

(빠른 움직임 연습)

빠바빠바　파마파마　바빠바빠

(부드러운 움직임 연습)

부바부바　퍼바퍼바　마바마바

⑤ 입술의 움직임을 의식하면서 다음 문장을 읽어봅시다.

빠르게 바람을 불어봐.

마법의 바람 퍼져라.

파란 바닷바람 부는 밤.

※ 입술은 발음의 명확성과 전달력에 중요한 역할을 합니다. 입술 근육의 힘과 탄력이 좋아지면 발음이 선명해지고 전달력도 커집니다. '뽀뽀뽀', '부바부바'처럼 빠른 움직임 연습은 전환 능력과 탄력을 키워주며, 꾸준히 연습하면 발음이 자연스러워지고 힘 있게 변합니다.

조음기관 충분히 사용하기 – 치경과 경구개

① 제시된 치조 마찰음을 따라 읽어봅시다.

(치조 마찰음 연습)

사사사   스스스   소소소   수수수

(경구개 마찰음 연습)

자자자   즈즈즈   조조조   주주주

② 제시된 소리를 발음하면서 혀끝을 잇몸(치조)에 강하게 붙였다가 떼고, 동시에 혀 앞부분이 경구개 방향으로 말려 올라가는 느낌을 익힙니다.

(파열음 연습)

짜짜짜   차차차   쪼쪼쪼   초초초

(강한 터치 연습)

짜차짜차   차짜차짜   짜자짜자

③ 치조음과 치경구개음을 조합한 다음 제시어를 따라 읽으면서 다양한 조음 위치를 익히고 연속된 소리로 발음을 조절하는 연습을 해봅시다.

(다양한 조음 위치 익히기)

사자차   수주초   시즈차   소자초

(연속된 소리로 발음 조절 연습)

차즈차즈   짜스짜스   초수초수

④ 치경과 치경구개를 의식하면서 다음 문장을 읽어봅시다.

사자가 서울행 기차를 탔다.
스치는 소리가 선명하게 들렸다.
짜장면이 차갑게 식었다.

※ 치경와 경구개를 활용하면 발음이 더욱 선명해지고 소리가 명확해집니다. 특히 마찰음(ㅅ, ㅈ)과 파열음(ㅉ, ㅊ) 연습은 정확한 조음과 또렷한 발성에 도움을 줍니다. 마찰음을 길게 내거나 혀를 경구개에 강하게 붙였다 떼는 연습을 하면 입안에서 공기가 흐르는 방식과 혀의 조절력을 개선할 수 있습니다.

다섯 번째 공식,
자세만 달라져도
목소리가 180도 바뀐다

연설하는 사람들은 대부분 가슴을 펴고 당당한 자세로 말합니다. 이는 자신감을 표현하기 위한 것뿐 아니라, 올바른 발성을 위한 기본 조건이기도 합니다. 그러나 많은 현대인들은 장시간 컴퓨터와 스마트폰을 사용하면서 어깨가 앞으로 말리는 '라운드 숄더' 자세를 가지기 쉽습니다. 이 자세는 호흡을 방해하고, 목과 어깨에 불필요한 긴장을 유발해 목소리의 전달력을 떨어뜨립니다. 구부정한 자세에서는 자연스럽고 힘 있는 소리를 내기 어렵고, 목에 부담이 쌓여 쉽게 피로해집니다.

　목소리는 성대를 통해 만들어지지만, 그 질과 울림은 자세와 움직임에 따라 크게 달라집니다. 예를 들어, 턱이 너무 앞으로 나와 있거나 어깨와 가슴이 움츠러들면 발성이 위축되고, 울림이 줄어들어 답답한 소리가 날 수 있습니다. 반면, 어깨와 목의 긴장을 풀고 가슴을 열면 호흡이 원활해지고 목소리도 자연스럽게 안정됩니다. 따라서 건강한 발성과 좋은 목소리를 만들기 위해서는 바른 자세를 유지하고 몸의 균형을 잡는 것부터 시작해야 합니다.

목소리를 위한 건강한 자세 습관

앉고 서는 습관은 발성과 호흡에 깊은 영향을 미칩니다. 바른 자세를 유지하면 목소리가 안정되고, 신체 정렬이 무너지면 불필요한 긴장이 쌓여 목소리가 흐려집니다.

서 있을 때 사세

좋은 발성을 위해서는 몸이 자연스럽게 정렬된 상태로 서 있어야 합니다. 바른 자세는 목과 어깨의 긴장을 줄이고, 호흡을 원활하게 해 안정적인 목소리를 내는 데 도움을 줍니다. 그러나 무조건 '똑바로 서야 한다'는 강박은 오히려 몸을 긴장시킬 수 있습니다. 억지로 힘을 주기보다. 중력을 활용하거나 키가 커지는 느낌을 의식하면서, 또는 발바닥 감각을 의식하면서 서면 자연스럽게 정렬하게 됩니다.

[중력을 활용한 자연스러운 정렬]

- 발바닥에 균형을 맞춥니다.
- 무릎을 뒤로 꺾지 말고 약간 굽혀 긴장을 풉니다.
- 골반은 중립 위치를 유지하고, 허리를 과도하게 꺾지 않습니다.
- 어깨와 목의 힘을 뺍니다.

[키가 커지는 느낌 유지하기]

- 좋은 자세: 머리가 위로 가볍게 떠 있는 느낌으로 자연스럽게 늘어진 상태
- 나쁜 자세: 허리를 과하게 세우거나 어깨를 뒤로 젖힌 긴장된 상태

[발바닥 감각을 이용한 균형 찾기]

- 발뒤꿈치, 엄지발가락 아래, 새끼발가락 아래 세 지점에 고르게 힘을 실어보세요.
- 몸을 앞뒤로 천천히 기울이며 가장 안정적인 중심을 찾아보세요.
- 발을 바닥에 편안하게 붙이고, 땅에서 에너지가 올라오는 감각을 느껴보세요.

앉아 있을 때의 자세

앉아 있을 때도 서 있을 때처럼 자연스러운 정렬이 중요합니다. 하지만 '허리를 세워야 한다'는 생각에 힘을 주고 앉다 보니 오히려 몸이 경직되고, 발성에도 불필요한 긴장이 생기기 쉽습니다. 중요한 것은 힘을 주지 않으면서도 균형을 유지하는 것입니다. 아래 방법들을 참고해보세요.

[허리를 세우지 말고 위로 늘어나는 느낌 유지하기]

- 허리를 세운다고 생각하지 말고, 척추가 위로 길어진다는 느낌을 가져보세요.
- 머리가 천장으로 가볍게 끌어올려지는 이미지를 떠올려보세요.
- 이렇게 하면 허리에 부담 없이 편안한 자세를 유지할 수 있습니다.

[골반과 척추의 자연스러운 정렬]

- 엉덩이를 의자 가장 깊숙이 대고 살짝 기대듯이 앉습니다.
- 골반을 중립 위치에 두고, 허리를 과하게 젖히거나 구부리지 않습니다.
- 엉덩이부터 머리까지 부드러운 곡선을 유지하면 힘을 들이지 않고도 안정적인 자세를 만들 수 있습니다.

[앉은 상태에서 발성과 연결되는 균형 유지하기]

- 발을 바닥에 평평하게 두고, 무게중심이 한쪽으로 쏠리지 않도록 합니다.
- 무릎과 엉덩이 높이를 비슷하게 맞춰 골반이 기울어지지 않도록 신경 씁니다.
- 몸을 살짝 앞쪽으로 기울이면 공기가 자연스럽게 흐르고 말하기도 편해집니다.

좋은 목소리는 몸의 균형에서 시작됩니다. 서 있든 앉아 있든, 불필요한 긴장을 풀고 자연스럽게 정렬된 자세를 유지하면 호흡이 깊어지고 발성이 안정됩니다. 지금 이 순간, 자신의 자세를 점검해보세요. 올바른 자세는 좋은 목소리를 위한 첫걸음입니다.

목소리를 망치는 잘못된 자세와 교정법

이번에는 흔히 나타나는 잘못된 자세를 살펴보고, 이를 효과적으로 교정하는 방법을 알아볼까요? 작은 변화만으로도 목소리가 훨씬 편안하고 안정적으로 들릴 수 있습니다.

어깨가 말린 자세 - 손바닥을 펼쳐 가슴을 여는 연습

어깨가 앞으로 말리면 가슴이 닫히고 호흡이 답답해져 목소리도 좁고 막힌 듯 들릴 수 있습니다. 흔히 어깨를 억지로 뒤로 젖히려 하지만, 이 방법은 오히려 불필요한 긴장을 유발합니다.

먼저 팔을 옆으로 자연스럽게 늘어뜨린 상태에서 손목을 가볍게 흔들어 어깨 주변의 긴장을 풀어줍니다. 이어서 팔을 옆으로 늘어뜨린 상태에서, 마치 누군가에게 내 손바닥을 보여주듯 팔을 바깥쪽으로 살짝 돌려 보세요. 이때 어깨 앞쪽이 자연스럽게 열리면서 가슴이 편안하게 펴지고, 호흡 공간이 넓어집니다. 마지막으로 앉은 상태에서 손바닥을 천장을 향하게 하여 무릎 위에 올리면, 어깨가 안정되게 열리면서 호흡과 발성이 더욱 편안해집니다.

턱이 앞으로 빠진 자세 - 뒤통수가 끌려 올라가는 느낌 유지하기

스마트폰이나 컴퓨터를 사용할 때 무의식적으로 턱이나 머리가 앞으로 빠지기 쉽습니다. 이렇게 되면 목이 짧아지고 후두가 올라가면서, 목소리가 날카롭고 얇아질 가능성이 높아집니다.

턱을 억지로 당기려 하지 마시고, 머리 위에서 보이지 않는 실이 뒤통수를 살짝 끌어 올린다고 상상해보세요. 풍선이 가볍게 떠오르듯이 몸이 위로 길어지면서, 중력이 척추를 자연스럽게 정렬해줍니다. 이 이미지에 집중하면 긴장이 줄어들고 목이 길어지며, 어깨와 귀 사이의 공간이 넓어져 발성이 한결 편안해집니다.

무게중심이 불균형한 자세 – 발바닥 감각을 활용한 정렬 연습

서 있을 때 무게중심이 발 앞쪽이나 뒤꿈치로 쏠리는 습관은 몸의 균형을 무너뜨리고 발성을 불안정하게 만듭니다.

거울 앞에 서서 발바닥 감각을 살펴보세요. 무게가 어느 한쪽으로 치우쳐 있다면, 발 전체에 고르게 분산되도록 중심을 조정해보세요. 무게중심이 정돈되면 몸이 자연스럽게 균형을 찾고, 목소리도 안정적으로 나올 수 있습니다.

실생활에서 쉽게 할 수 있는 자세 체크법

- 서 있을 때: 귀-어깨-골반-발이 일직선상에 있는지 거울로 확인해보세요.
- 앉아 있을 때: 허리를 억지로 세우려 하지 말고, 척추가 위로 길어진다는 느낌을 가져보세요.
- 발성을 하기 전: 어깨를 가볍게 돌려 긴장을 풀고, 손바닥을 펼쳐 가슴을 여는 동작을 해보세요.

이렇게 몸의 감각에 집중해 균형을 찾다 보면 힘을 들이지 않고도 자연스럽고 안정적인 발성 자세를 만들 수 있습니다. 말하기 전, 어깨를 천천히 돌리거나 털어주는 것만으로도 어깨와 목의 긴장을 풀 수 있고, 목소리가 훨씬 부드러워질 것입니다.

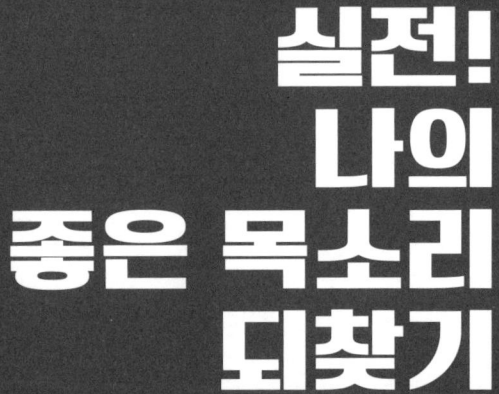

실전!
나의
좋은 목소리
되찾기

3장

"거칠고 흐릿한 목소리가 듣기 불편하대요"
맑고 또렷한 목소리 만들기

목소리가
오해를 낳기도 한다

아무리 좋은 인상을 가진 사람이라도 목소리가 거칠거나 흐릿하면 듣는 이에게 불편함을 줄 수 있습니다. 특히 전화처럼 목소리만으로 대화할 때는 그 인상이 더욱 크게 작용하죠. 거칠고 탁한 소리에 무성의한 말투까지 더해지면, 상대는 자연스레 부정적인 인상을 갖기 쉽습니다.

흐린 목소리에는 두 가지 양상이 있습니다. 첫째는 소리가 퍼지고 뭉개져서 듣는 이의 주의를 끌지 못하는 경우입니다. 이는 마치 여린 성격의 여성이 말할 때처럼 소리에 힘이 실리지 않아 전반적으로 약하게 들리는 특징이 있습니다. 둘째는 성대 접촉이 불안정해 소리가 갈라지고 바람이 섞여 탁하게 들리는 경우입니다. 예를 들어, 흥분해서 말하는 경우, 에너지를 실어 말하지만 목소리가 명료하게 전달되지 않는 상황이 여기에 해당합니다. 여기에 문장 끝에서 무의식적으로 힘이 빠지는 습관까지 더해지면 목소리는 더욱 거칠고 흐려지며 불안정하게 느껴질 수 있습니다.

하지만 이런 목소리는 타고난 것이 아니라 교정할 수 있는 문제입니다. 성대를 안정적으로 닫고, 발성의 초점을 정확히 맞추는 훈련을 통해 누구나 맑고 또렷한 목소리를 가꿀 수 있습니다. 성대 접촉이 좋아지면 소리가 갈라지지 않고, 발성 초점이 바로 잡히면 탁하고 흐릿하던 소리도 명확하게 바뀌게 됩니다. 결국, 성대와 발성의 균형을 회복함으로써 목소리는 훨씬 듣기 좋고 안정된 톤으로 개선될 수 있습니다.

목소리의 초점을 맞추는 일은 안경의 초점을 바로잡는 것과도 같습니다. 초점이 흐린 안경을 쓰면 눈이 쉽게 피로해지듯, 초점이 맞지 않은 목소리는 듣는 사람을 지치게 합니다. 반대로 성대가 안정적으로 닫히고 발성의 초점이 명확하면, 목소리는 맑고 또렷하게 울려 퍼집니다.

따라서 중요한 것은 단순히 목소리를 크게 내는 것이 아니라 성대를 안정적으로 접촉시키고 발성의 초점을 정확히 맞추는 훈련입니다. 이 두 가지를 바로잡으면 누구나 선명하고 깨끗한 목소리를 만들 수 있습니다.

눈빛을 바꾸면 목소리도 바뀐다

목소리는 무의식적인 요소에도 영향을 받습니다. 심지어 눈을 어떻게 뜨느냐에 따라 발음의 선명도와 전달력이 달라질 수 있습니다. 눈을 가늘게 뜨고 소리를 내면 목에 힘이 들어가면서 발음이 탁해지고 전달력이 약해질 수 있습니다. 반면, 눈을 크게 뜨고 분명하게 대상을 바라보며 발성하면 성량이 커지고 목소리도 더 선명하게 전달됩니다.

반가운 사람을 만났을 때처럼 놀란 표정을 지으며 발음해보세요. 그런 다음, 평소 표정과 비교해 목소리의 변화를 관찰해보면, 눈을 의식적으로 크게 떴을 때 목소리가 더 밝고 선명하게 들릴 것입니다. 경우에 따라서, 안구건조증이 있는 사람들은 눈을 가늘게 뜨는 습관이 생기기 쉬운데, 이런 습관은 목의 긴장을 유발해 발성에 영향을 줄 수 있습니다. 따라서 발성 연습 시 거울이나 카메라를 활용해 자신의 눈 상태를 점검하는 것이 도움이 됩니다.

선명한 소리, 또렷한 초점 만들기가 포인트

거칠고 탁한 목소리를 맑고 선명한 소리로 변화시키고, 목소리의 초점을 또렷하게 만드는 것이 이번 연습의 핵심 포인트입니다. 이 연습은 크게 여섯 단계로 진행됩니다. 먼저 안정적이고 명확한 소리를 내기 위해 성대의 힘을 기르는 연습을 하고, 이어서 소리가 모이는 지점을 느끼며 의도한 초점에 맞게 소리를 내봅니다. 그다음에는 목소리와 음정의 변화를 통해 내용을 더욱 역동적이고 유연하게 전달하는 법을 익힙니다. 단조롭고 평면적인 소리를 방지하고 전달력을 높이기 위해 말의 강약과 음의 높낮이를 조절하는 발성 연습을 이어가야 합니다. 마지막으로는 또렷한 발음과 적절한 속도로 문장을 끝까지 힘 있게 말하는 연습을 진행합니다.

입술 떨기와 혀 떨기로 성대의 힘 기르기

입술 떨기(Lip Trill, 립 트릴)는 가수나 배우들이 공연 전 워밍업으로 자주 활용하는 훈련입니다. 그러나 단순히 입술을 푸는 데 그치지 않고, 호흡·성대·공명·근육 긴장도 등을 종합적으로 점검할 수 있는 강력한 발성 훈련입니다. 제대로 활용하면 현재의 발성 상태를 한눈에 파악하고 개선할 수 있습니다. 입술 떨기를 연습할 때는 단순히 입술을 떠는 데만 집중하지 말고, 호흡이 부드럽게 흐르고 있는지, 성대가 무리 없이 울리는지, 전신이 긴장 없이 자연스럽게 움직이는지를 함께 점검해야 합니다.

혀 떨기(Tongue Trill, 텅 트릴)는 혀를 가볍게 떨며 소리를 내는 연습으로, 혀의 유연성과 탄력을 높이고 동시에 공기 흐름과 성대 사용까지 점검할 수 있는 중요한 훈련입니다. 혀가 지나치게 긴장되거나 입안에서 자유롭게 움직이지 못하면 발음이 뭉개지고, 말할 때 쉽게 피로감을 느낄 수 있습니다. 혀 떨기를 할 때는 성대가 자연스럽게 진동하는지, 공기가 원활하게 흐르는지를 확인하며 해야 자신의 발성 패턴을 더 깊이 이해할 수 있습니다.

허밍으로 소리의 초점 맞추기

허밍(Humming)은 소리를 앞으로 모으는 감각을 익히고, 명확하고 선명한 발성을 만드는 데 매우 효과적인 연습법입니다. 또한 공명을 조절해 안정적인 발성을 유도하며, 목에 무리를 주지 않고도 울림 있는 소리를 낼 수 있도록 돕습니다. 쉽게 말해 허밍은 발성의 스위트 스팟(Sweet Spot)을 찾는 과정이라고 할 수 있습니다.

스위트 스팟은 원래 야구 배트나 테니스 라켓 등에서 힘이 가장 잘 전달되는 최적의 지점을 의미하는데, 발성에서도 같은 개념이 적용됩니다. 목소리를 낼 때도 가장 자연스럽고 편안하게 울리는 지점을 찾으면 힘을 덜 들이고도 풍부한 소리를 낼 수 있습니다.

연습할 때는 입을 가볍게 다문 상태에서 '음~' 소리를 내며 소리가 이마나 코 주변에서 진동하는 느낌을 찾는 것이 중요합니다. 이 진동이 바로 공명이 형성되는 스위트 스팟이며, 이를 잘 활용하면 힘을 쓰지 않고도 울림 있는 소리를 만들 수 있습니다. 처음에는 작은 소리로 시작해 점차 소리를 키우면서 공명의 변화를 관찰해보세요. 꾸준히 허밍을 연습하면 목의 긴장이 줄어들고, 말할 때 더욱 선명하고 울림 있는 목소리를 낼 수 있습니다.

스케일 발성으로 음의 높낮이 조절해보기

혹시 말할 때 단조로운 톤 때문에 지루하다는 평가를 받은 적이 있거나, 발표나 강연에서 목소리가 떨리고 음정이 불안정했던 경험이 있으신가요? 많은 사람들이 전달력 있는 목소리를 원하지만, 어떻게 연습해야 자연스럽고 매력적인 목소리를 만들 수 있을지 몰라 막막해합니다. 이럴 때 효과적인 훈련이 바로 스케일 발성 연습입니다.

스케일 발성은 음의 높낮이를 부드럽게 조절하는 능력을 길러 단조롭고 평면적인 목소리를 방지하고 전달력을 높입니다. 특히 발표나 강연처럼 말의 강약 조절이 중요한 상황에서는, 스케일 발성을 통해 강조할 부분을 자연스럽게 높이고 완급을 조절해 청중의 관심을 효과적으로 유도할 수 있습니다. 또한 다양한 음높이에서도 목소리의 안정성을 유지하여 감정을 담아 설득력 있게 말하는 능력을 키울 수 있습니다.

사람의 말에는 자연스러운 억양과 리듬이 필요합니다. 스케일 발성을 연습하면 말의 흐름이 보다 유연해지고 전달력이 강화되어, 더 듣기 좋은 말하기가 가능합니다. 이 연습은 콧노래를 흥얼거리듯 진행하기도 하는데, 성대에 무리를 주지 않으면서 부드러운 발성을 낼 수 있어 효과적입니다. 또한 자연스럽게 공명감을 익히고 소리를 풍부하게 만들며, 음높이를 자유롭게 조절할 수 있습니다. 리드미컬한 말하기를 만드는 데에도 매우 유용합니다.

문장 끝까지 힘 있게 말하기

뉴스 앵커가 문장 마지막을 말할 때 힘없이 말하는 경우는 거의 없습니다. 마지막 단어까지 적당한 크기의 소리로 명확하게 발음하지요. 이처럼 문장 끝까지 힘 있게 말하는 연습은 전달력을 높이는 데 매우 중요합니다.

실제로 문장 끝 어미의 억양이 불안정하게 떨어지는 문제로 고민하는 사람들이 많습니다. 심지어 전문적인 스피치 교육을 받은 아나운서들도 이런 어려움을 겪을 수 있습니다. 이러한 현상은 과도한 복부 긴장이나 반복된 억양 패턴에서 비롯됩니다. 발성을 위해서는 복부의 지지가 필요하지만, 말의 리듬에 맞춰 적절히 이완되지 않으면 문제가 발생합니다.

이를 해결하려고 끝음을 억지로 올리면 오히려 어색하게 들릴 수 있으므로, 문장의 리듬을 부드럽게 이어가는 방법을 익히는 것이 중요합니다. 효과적인 연습 방법으로는 끝음을 노래하듯 이어보거나, 공을 위로 던지면서 발성해 시각적 피드백과 함께 안정적인 억양을 익히는 방법이 있습니다.

발음의 명료도 높이기

자음과 모음을 결합해 발음하는 연습은 입과 성대의 자연스러운 협응을 돕고, 발음의 명확성과 공기 흐름 조절 능력을 향상시킵니다. 특히 입술 → 치경 → 경구개 → 연구개 순으로 연습하면, 발음 위치에 따라 조음기관을 단계적으로 조절할 수 있어 발음이 더욱 자연스럽고 정확해집니다.

박자와 리듬을 더해 말하기에 힘 불어넣기

말할 때는 내용과 분위기에 맞게 속도를 조절하는 것이 매우 중요합니다. 너무 빠르면 핵심이 제대로 전달되지 않거나 듣는 사람이 이해하기 어려워지고, 반대로 너무 느리면 지루해져 집중력이 떨어질 수 있습니다.

뉴스 앵커는 정보를 정확하고 또렷하게 전달하기 위해 문장의 처음부터 끝까지 일정한 속도로 읽는 연습을 합니다. 속도가 지나치게 빠르면 흥분한 듯 들리고, 지나치게 느리면 지루하게 들리기 때문입니다.

연설가는 청중의 관심을 끌기 위해 속도와 리듬을 조절합니다. 마틴 루터 킹 주니어의 "I have a dream." 연설은 문장마다 일정한 박자와 감정이 어우러진 대표적인 사례입니다. 애니메이션이나 라디오 광고의 성우들도 속도 변화를 통해 강조 효과를 줍니다. 예를 들어, "지금 바로 전화하세요! 한정된 시간 동안 특별 혜택을 드립니다!" 같은 문장은 빠르거나 느린 박자로 변화를 주어 읽으면 훨씬 효과적입니다.

상담원 역시 "안녕하세요, 무엇을 도와드릴까요?" 같은 인사말을 너무 빠르거나 느리게 하면 신뢰감이 떨어질 수 있습니다. 따라서 일정한 박자와 안정적인 톤을 유지하는 것이 중요합니다.

이처럼 말의 속도를 적절히 조절하면 듣는 사람이 더욱 편안하게 이해할 수 있고, 전달력 또한 효과적으로 높아집니다. 박자에 맞춰 읽는 연습은 다양한 분야에서 활용되고 있습니다. 혹시 말할 때 리듬이 불규칙하거나 문장 끝에서 힘이 빠지는 습관이 있다면, 이 연습을 꼭 시도해 보세요.

 ## 입술과 혀 떨기 연습

입술 떨기(Lip Trill)

① 입술에 힘을 빼고 있다가 입 밖으로 공기를 불어 내며 입술을 '부르르' 떨어봅니다.
입술이 잘 떨리지 않는다면 양손 검지로 볼을 살짝 눌러 시도합니다.

② 소리와 떨림이 끊기지 않도록 최소 5초 이상 입술 떨기를 해봅니다.

따라 하기 POINT

성대의 안정적인 떨림을 만들어갈 수 있는 연습입니다. 짧게 반복하기보다 길게 이어질 수 있도록, 입술의 떨림과 공기의 흐름을 고르고 일정하게 유지하는 것이 포인트입니다. 입술 떨기를 처음보다 길게 유지하게 되었다면 이번에는 한 단계씩 높은 음으로 올려가며 연습해봅시다. 이때 진성을 유지해주세요.

- 입술 떨기를 할 때, 입술이 부드럽게 떨리지 않는다면? ▶ 호흡이 부족하거나, 성대가 과하게 긴장된 상태일 가능성이 높습니다.
- 소리가 끊기거나 금방 멈춘다면? ▶ 호흡 흐름이 불안정하거나, 발성 근육이 지나치게 긴장돼 힘의 배분이 일정하지 않을 수 있습니다.
- 입술 떨기를 할 때 성대도 함께 울리고 있는가? ▶ 입술 떨기는 공기 흐름만으로도 가능하지만, 성대가 함께 진동할 때 더욱 효과적인 발성 연습이 됩니다.

혀 떨기(Tongue Trill)

① 혀 끝에 힘을 빼고 입을 살짝 벌립니다.

② '르르르' 소리를 내는 느낌으로 혀 떨기를 해봅니다.
  잘 떨리지 않는다면 혀 끝을 윗니 뒤쪽 잇몸에 가볍게 대고 공기와 함께 '트르', '트르', '트르' 소리를 먼저 내보세요.

③ 소리와 떨림이 끊기지 않도록 최소 5초 이상 혀 떨기를 진행해봅니다.

> **따라 하기 POINT**
> 짧게 반복하기보다 길게 이어질 수 있도록 혀의 떨림과 공기의 흐름을 일정하게 유지하는 것이 핵심입니다. 혀에 힘이 너무 없으면 떨림이 어렵고, 반대로 힘이 과하면 공기 흐름이 막힐 수 있으니 적절한 긴장도를 유지하는 것이 중요합니다.
> 입술 떨기와 혀 떨기, 두 연습을 각각 5~10초 연결해 하루 3세트 반복하면 입술·혀·성대의 긴장을 풀고 안정적인 발성을 만드는 데 효과적입니다.
> 낮은 음에서 높은 음으로 올려가며 연습하면 더욱 좋습니다.

소리의 초점 만들기 연습

허밍으로 '소리의 모음' 느끼기

① 어깨와 목에 힘을 빼고 손가락으로 인중을 가볍게 눌러봅니다.

② '음~~' 부드럽게 허밍 소리를 내봅니다.

③ 소리가 집중되는 지점(인중)의 진동을 느껴봅니다.
   진동이 느껴진다면 잠시 멈추어, '내 소리의 울림 자리가 여기구나' 하고 기억해둡니다.

> **따라 하기 POINT**
> 손가락을 댄 인중 부위에 소리가 집중되는 느낌이 든다면, 올바르게 연습하고 있는 것입니다.

허밍에서 모음 발음으로 연결해보기

① 편안하게 숨을 들이마신 뒤 입을 살짝 다문 상태에서 '음~~' 하고 허밍을 내봅니다.

② 허밍 소리가 끊기지 않게 주의하며 다음에 제시된 'ㅁ' 발음을 이어 소리 내봅니다.

음~~~ 마~ 메~ 미~ 모~ 무~

> **따라 하기 POINT**
> 이 연습은 허밍의 울림을 말소리(모음 발음)에 자연스럽게 연결하기 위한 것입니다.
> '음~' 소리 후 입술을 가볍게 떼면 '마' 발음이 만들어지는데, 이때 '마, 메, 미, 모, 무'를 이어 발음해보세요. 중요한 것은 소리가 끊어지거나 분리되지 않고 부드럽게 이어지는 것입니다.
> 허밍에서 모음으로 넘어갈 때는 마치 길게 이어진 하나의 통 안에서 소리가 울리듯, 입과 코, 얼굴, 가슴의 울림이 따로 흩어지지 않고 하나로 연결되어 퍼져 나와야 합니다. 이때 느껴지는 '한 통 울림'이 바로 안정된 공명의 핵심입니다.

허밍의 울림을 말소리에 적용하기

① '음~~' 허밍에서 '입술만 열어' 다음 소리를 내봅니다(양순음 기초[ㅁ]).

음~~~ 마
음~~~ 마 마 마
음~~~ 머 머 머
음~~~ 멈 멈 멈

② '음~~' 허밍에서 입술을 좀 더 강하게 사용해 다음 소리를 내봅니다(양순음 강화 [ㅂ]).

음~~~ 바
음~~~ 밤 밤 밤
음~~~ 범 범 범

③ '음~~' 허밍에서 혀끝을 사용해 다음 소리를 발성해봅니다(치조음 연결[ㄴ]).

음~~~ 나
음~~~ 나 나 나
음~~~ 난 난 난
음~~~ 넘 넘 넘
음~~~ 니 네 나 노 누

④ '음~~' 허밍에서 혀를 더 강하게 치면서 다음 소리를 내봅니다(강한 치조음[ㄷ]).

음~~~ 다
음~~~ 담 담 담
음~~~ 덤 덤 덤

⑤ '음~~' 허밍에서 다음 제시된 'ㄹ' 발음을 연결해 소리 내봅니다(혀의 유연성 강화 [ㄹ]).

음~~~ 라
음~~~ 라 라 라
음~~~ 랄 랄 랄

따라 하기 POINT

이 연습은 허밍을 유지한 채 발음을 연결해 공명을 살리면서 발음을 또렷하게 하는 훈련입니다. '입술 → 혀끝 → 강한 혀 동작 → 혀의 민첩성 → 모음 전환'의 순서로 진행하며, 소리가 끊기지 않고 자연스럽게 흐르도록 유의하세요. 얼굴 앞쪽, 특히 인중이나 앞니 위쪽에 울림이 느껴진다면 올바르게 연습하고 있는 것입니다.

연습은 짧고 집중적으로 하는 것이 좋습니다. 하루 두 차례, 각 단계당 두세 번씩 약 5분 정도로 시작해보세요. 익숙해지면 하루 세 차례, 각 단계당 다섯 번 정도로 늘려 총 10분 이내를 유지하는 것이 적절합니다.

 **음의 높낮이 조절 연습**

음계에 맞춰 소리 내기

① 제시된 악보에 맞추어 소리를 내봅니다. 소리가 부드럽게 이어지도록 유의합니다. 허밍으로 찾은 울림을 유지한 채, '마 · 나 · 라' 같은 단순한 음절로 노래해보세요. 소리가 음과 음 사이에서 끊어지지 않고, 하나의 선율처럼 흐르는 것이 중요합니다.

- 도레미레도

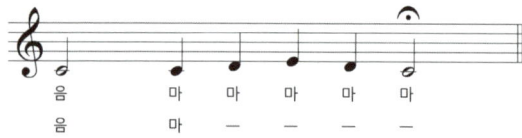

- 도레미파미레도

② 제시된 악보의 음계에 맞춰 실제 말소리의 다음 문장을 소리내봅니다. '안녕하세요, 반갑습니다'를 뮤지컬처럼 말과 노래의 중간 느낌으로 표현해보세요. 이렇게 하면 연습한 울림과 선율이 자연스럽게 실제 말하기로 이어집니다.

- 도레미파솔파미레도

> **따라 하기 POINT**
> 연습할 때는 걷는 듯 여유 있는 속도로 진행합니다. 입술과 혀의 긴장을 풀고 소리가 끊기지 않도록 부드럽게 이어주는 데 유의합니다. 피아노나 스마트폰 앱을 활용하면 보다 정확한 음정을 확인할 수 있습니다.
> 익숙해지면 눈을 감고 소리에만 집중해보세요.

콧노래 부르며 발성 연습하기

① 제시된 〈떴다 떴다 비행기〉 노래를 허밍으로 불러봅니다. 입을 다물고 '음~' 소리로 멜로디를 따라가보세요.

② 허밍으로 노래 부르며 코와 얼굴 앞쪽에 울리는 공명감을 느껴보세요.

③ '마마마마~', '라라라라~'같이 발음에 변화를 주어 전체 멜로디를 부릅니다.

④ 이번에는 다음과 같이 모음 변화를 주어 전체 멜로디를 부릅니다.

아~~ 아~ 아~ 아~ 아아아~

이~~ 이~ 이~ 이~ 이이이~

우~~ 우~ 우~ 우~ 우우우~

에~~ 에~ 에~ 에~ 에에에~

오~~ 오~ 오~ 오~ 오오오~

따라 하기 POINT

가사를 발음하지 않고 허밍으로만 노래하면, 호흡이 고르게 이어지고 코와 얼굴 앞쪽에 공명이 모이는 느낌을 더 쉽게 느낄 수 있습니다. 처음에는 작은 소리로 부드럽게 시작해, 점점 안정적으로 울림이 이어지도록 연습해보세요.

> **따라 해볼까요**　　　**문장 끝까지 힘 있게 발성하기**

문장을 길게 늘리면서 말하기

① 제시된 문장의 끝음을 노래하듯 길게 늘리면서 발음해봅니다.

안녕하세요~오~~~.

감사합니다~아~~~.

② 문장을 부드럽게 이어 3~5번 반복해 말해봅니다.

따라 하기 POINT

끝음을 길게 유지하되, 소리가 갑자기 약해지거나 흔들리지 않도록 주의합니다. 이를 위해 숨을 충분히 들이마시고 일정한 공기를 내보낸다는 느낌으로 발성하는 것이 좋습니다.

또한 시선이 아래로 향하거나 후두가 눌린 상태에서 피치가 처진 채 소리를 내지 않도록 주의해야 합니다.

문장 끝음을 올리면서 말하기

① 문장 끝음을 올리면서 다음 다큐멘터리 내레이션의 한 구절을 읽어봅시다. 문장에서 나타내는 분위기와 이미지를 상상하며 읽어보세요.

문장의 끝음을 낼 때 손을 위로 올리는 동작을 같이 하면 더 자연스럽고 쉽게 연습할 수 있습니다.

겨울을 몰아내는 싱그러운 꽃들의 속삭임. 이곳엔 벌써 봄이 왔습니다.
매서운 겨울바람 견디고 활짝 피어난 것이 어디 봄꽃이겠습니까.
힘겨운 눈물 바람 이겨낸 인생에도 이제 웃음꽃이 피어나고 있죠.
가시밭길 지나 더욱 진한 향기를 품고 걸어가는 꽃길 인생.
꽃보다 아름다운 사람들과 함께 한 3일입니다.

② 노래하듯 부드럽게 마무리하는 느낌에 집중해보세요.

> **따라 하기 POINT**
> 말의 끝부분에서 소리가 약해지는 주된 이유는 호흡의 압력이 부족해서입니다. 그런데 소리의 방향을 의식하면서 손을 올리는 동작을 하면 상체가 자연스럽게 확장되어 호흡을 더 길게 이을 수 있습니다. 음의 피치를 안정적으로 유지할 수 있지요.

공을 위로 던지면서 발성하기

① 자신이 '쇼호스트'가 되었다고 생각하고, 문장 끝음을 올리면서 제시된 문장을 소리 내 읽어봅시다.

② 화살표 부분에서 공을 위로 던지는 동작을 함께 합니다.

핏!, 편안함, 스타일 이 바지 하나면 다 갖추셨습니다!
오피스룩부터 일상복까지, 어떤 자리에서도 완벽하게 어울려요.
지금 구매하시면 특별 할인 혜택까지 있으니 절대 놓치지 마세요.

따라 하기 POINT
공이 올라갈 때는 소리를 유지하고, 내려올 때는 자연스럽게 끝음을 올리며 마무리하는 타이밍이 중요합니다. 이 연습은 문장의 끝에서 음이 쉽게 떨어지거나 목에 힘이 들어가 조여지듯 발성하는 습관, 또는 기류가 약해져 소리가 끊기는 분들에게 특히 효과적입니다.

다트를 던지듯 힘 있게 발성하기

① 이번에는 '스포츠 캐스터'가 되었다고 생각하고, 제시된 문장을 읽어봅시다.

② 문장의 밑줄 친 부분에서 다트를 던지는 동작을 함께하면서 '말을 앞으로 보내는 느낌'을 자연스럽게 익혀봅니다.

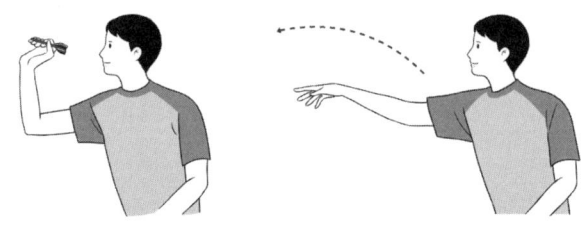

(올림픽 100m 금메달 결정전) 자아~ 준비~ <u>출발합니다!</u>

(월드컵 경기에서) 자 손흥민 선수 <u>슛—!</u>

(한국시리즈 최종전) 쳤습니다! 공 담장, 담장, 담장—— <u>넘어갑니다—!</u>

따라 하기 POINT

다트를 목표 지점에 곧게 던지듯 소리도 앞을 향해 정확히 보낸다는 이미지를 떠올리며 연습하세요. 이때 타이밍이 핵심입니다. 다트를 던지는 순간 소리도 함께 앞으로 나가야 하며, 동작과 소리가 어긋나면 힘이 분산되어 소리가 약하게 들릴 수 있습니다. 실제로 팔을 뻗어 던지는 동작을 하면 호흡과 발성이 자연스럽게 이어지면서 몸의 에너지가 함께 전달됩니다.

 **자음 발음 연습**

① '빠' 연습

양쪽 입술이 완전히 닫혔다가 순간적으로 열리면서 강한 공기 흐름이 나오는 것을 의식하며 다음 문장을 반복해 발음해봅시다.

빵이 바삭바삭 맛있다.
바쁜 바람이 방안을 빙빙 돈다.

② '따' 연습

혀끝이 윗잇몸(치경)에 단단히 붙었다가 순간적으로 떨어지면서 강한 공기 흐름이 나오는 느낌을 의식하며 다음 문장을 반복해 발음해봅시다.
혀의 위치와 힘 조절에 집중하세요.

따뜻한 떡 한 조각 주세요.
똑똑한 학생이 답을 찾았다.
딱딱한 돌멩이가 땅에 떨어졌다.

③ '까' 연습

목젖 부분(연구개)이 단단히 닫혔다가 순간적으로 열리면서 강한 공기 흐름이 나옵니다. 연구개의 움직임을 의식하며 발음이 또렷하게 들릴 수 있도록 다음 문장을 발음해보세요.

까만 까마귀가 깍깍 운다.

꽃이 활짝 핀 깔끔한 정원.

깡충깡충 뛰는 작은 토끼.

따라 하기 POINT

'빠, 따, 까'와 같은 자음과 모음을 반복적으로 발음하면 입과 성대의 협응을 훈련할 수 있습니다. 각 자음은 발음되는 위치와 공기 흐름이 다르므로 정확한 조음 방법을 익히고, 입술과 혀 그리고 연구개의 움직임을 인식하는 데 집중합니다.

처음에는 각 발음을 명확하게 낼 수 있도록 천천히 연습하고, 익숙해지면 속도를 점차 높이며 반복하세요.

말하기의 리듬과 템포 조절 연습

일정한 박자 감각 익히기

① 메트로놈 앱 또는 실제 메트로놈을 60bpm(1초당 1회 정도의 속도)에 설정합니다.

② 하나(짝), 둘(짝), 셋(짝), 넷(짝)을 한 글자씩 메트로놈 박자와 정확히 맞추어 말합니다.

③ 점차 속도를 높이거나 느리게 조절하며 같은 강도와 발음의 명료성을 유지합니다.

(일정한 박자를 맞추며)
하나, 둘, 셋, 넷, 둘, 둘, 셋, 넷

(목소리 강도를 유지하며)
월, 화, 수, 목, 금, 토, 일

> **따라 하기 POINT**
> 말하기 속도를 일정하게 유지하는 것이 핵심입니다. 속도가 빨라지거나 느려져도 목소리의 강도와 발음의 명료성은 지켜야 하며, 메트로놈을 활용하면 박자에 맞추듯 속도를 감각적으로 익힐 수 있습니다. 이 연습은 말하기 속도가 불안정하거나 문장 끝에서 호흡이 흔들리는 분들에게 특히 효과적입니다.

강세와 강약을 활용한 리듬감 만들기

① 제시된 문장을 단어별로 강세를 달리해 낭독해봅시다.

② 강세를 주는 단어가 달라질 때마다 의도나 의미, 분위기가 변하는 것을 느껴보세요.

<u>오늘은</u> 날씨가 정말 좋습니다.
오늘은 <u>날씨가</u> 정말 좋습니다.
오늘은 날씨가 <u>정말 좋습니다</u>.

③ 같은 문장 중 강조 표시된 단어에 강약을 넣어 다시 낭독해봅시다. 리듬이 만들어지는 것을 느껴봅니다. 검정 글씨 부분에 힘을 주고 나머지는 부드럽고 가볍게 연결해 낭독합니다.

오늘은 / **날**씨가 / **정**말 / **좋**습니다.
목소리는 / **감**정을 / **담**아야 합니다.

따라 하기 POINT

말하기에 '강세'를 달리하면 특정 단어나 음절을 명확하게 강조해 의미를 효과적으로 전달할 수 있습니다. 발음의 세기를 조절해 '강약'을 주며 말하면 리듬 있는 흐름을 만들 수 있습니다. '오늘은 날씨가 정말 좋습니다'에서 특정 단어의 강세 위치를 바꿔가며 강조하면 문장의 의미가 달라지고, 전체 문장을 말할 때, '오늘은 / 날씨가 / 정말 / 좋습니다'처럼 음의 강약을 다르게 하여 말하면 리듬감을 살릴 수 있습니다.

템포 조절 및 변형 연습

① 다음에 제시된 문장을 마치 나무늘보가 말하는 것처럼 '아주 느리게' 읽어봅시다.

지금부터 발표를 시작하겠습니다.
안녕하세요, 고객센터입니다. 무엇을 도와드릴까요?

② 이번에는 같은 문장을 아나운서가 말하는 것처럼 '보통 속도로' 읽어봅시다.

지금부터 발표를 시작하겠습니다.
안녕하세요, 고객센터입니다. 무엇을 도와드릴까요?

③ 이번에는 같은 문장을 속사포 랩을 하는 래퍼처럼 '아주 빠르게' 읽어봅시다.

지금부터 발표를 시작하겠습니다.
안녕하세요, 고객센터입니다. 무엇을 도와드릴까요?

따라 하기 POINT

속도가 바뀌어도 발음은 명료하게 하고 호흡은 흐트러지지 않도록 주의하세요. '안녕하세요, 고객센터입니다. 무엇을 도와드릴까요?' 문장을 읽을 때는 속도 변화에 관계없이 친절한 느낌을 유지해보도록 해봅시다. 이렇게 속도를 바꿔가며 연습하면 어떤 상황에서도 흔들리지 않고 안정적으로 말할 수 있는 힘을 기를 수 있습니다.

노래 가사를 활용한 리듬 연습하기

① 좋아하는 노래 가사를 준비합니다.

② 가사의 리듬과 박자를 떠올리며, 말하듯 자연스럽게 읽어봅니다.

[예시 가사]

"지나간 것은 지나간 대로~ 그런 의미가 있죠."

(이적 〈걱정 말아요 그대〉 중에서)

"바람이 분다. 서러운 마음에~"

(이소라 〈바람이 분다〉 중에서)

따라 하기 POINT

노래를 부르지 말고, 시인이 시를 읊듯이 음정 없는 노래처럼 가사를 읽어보는 것이 핵심입니다. 발음을 정확히 하면서도 리듬의 장단, 소리의 길고 짧음, 멀고 가까운 느낌까지 표현해보세요.

4장

"한 시간 말하고 나면 목이 너무 아파요"
오랜 시간 말해도 지치지 않는 목소리 만들기

잘못 길들여진 발성 습관,
바꿀 수 있다

여러분은 어떤 계기로 목소리에 관심을 갖게 되었나요?

저는 목소리로 인한 어려움이 계기가 되어 발성법에 관심을 갖게 되었습니다. 대학 시절 성악을 전공했고 지금은 발성 전문가로 활동하고 있다는 사실이 무색하게, 어린 시절 저는 목이 쉽게 쉬는 아이였습니다. 조금만 크게 말해도 금세 목이 칼칼해졌고, 오래 이야기하면 목소리가 잠겨버렸습니다. 자연스럽게 저는 '내 목소리는 약하다'고 생각했습니다. 하지만 지금은 오랜 시간 말해도 목이 쉬지 않습니다. 많은 시간이 지나 깨닫게 되었지만, 자주 목이 쉬었던 것은 목 자체가 약했던 것이 아니라, 발성을 잘못 배웠던 게 문제였습니다.

당시 웅변학원에서는 배에 힘을 주고 힘껏 소리를 지르는 것이 좋은 발성이라고 가르치고 있었습니다. 성악을 배울 때도 올바른 호흡보다는 목에 힘을 주어 소리를 내는 습관에 젖어 있었습니다. 결국 잘못된 발성 습관이 뿌리 깊게 자리 잡으며 목에 부담이 쌓였고, 조금만 말해도 쉽게 지치는 목소리가 되어버렸지요.

'잘 말하기 위해' 받은 발성 훈련의 첫 단추부터 잘못 끼워졌던 것이 었습니다. 이후 여러 시행착오와 배움을 거치며 올바른 호흡과 발성법을 익히게 되었고, 그 과정에서 목의 부담을 줄이고 자주 쉬던 목소리 문제를 해결할 수 있었습니다.

사실 이런 어려움은 저만의 문제가 아닙니다. 목소리를 도구로 삼는 사람이라면 누구나 비슷한 고민을 겪습니다. 세일즈맨은 종일 고객을 만나 설득해야 하고, 선생님과 강사는 강의실에서 수십 명 앞에서 큰 목소리로 강의합니다. 유튜버나 방송인은 카메라 앞에서 오랜 시간 또렷하게 말해야 하고, 배우나 가수는 무대 위에서 관객의 귀에 닿을 만큼 힘 있는 목소리를 내야 하지요. 이처럼 직업적으로 목소리를 사용하는 사람들에게 발성은 단순한 기술이 아니라 일의 성패와 직결되는 중요한 역량입니다.

그렇다면 오랫동안 말해도 쉬지 않는 목소리를 만드는 데 가장 중요한 것은 무엇일까요? 핵심은 올바른 호흡과 기류 조절입니다. 호흡을 효율적으로 사용하면 목에 가해지는 부담을 줄일 수 있습니다. 특히 반폐성도 발성(Semi-Occluded Vocal Tract, SOVT) 연습은 성대의 진동을 돕고 발성을 효율적으로 만들어 목소리 피로도를 줄이는 데 효과적입니다다. 대표적인 방법으로는 입술 떨기, 혀 떨기, 허밍, 그리고 빨대 발성법(Straw Phonation)이 있습니다. 그중에서도 빨대 발성법은 누구나 쉽게 따라 할 수 있고 성대의 부담을 줄이는 데 효과적인 방법으로 널리 활용됩니다. 다음에서 이번 훈련의 구체적인 단계를 설명하고 실제 연습을 진행해보도록 하겠습니다.

 목소리 훈련 주의 사항

발성 훈련 중 목이 따끔거리거나 간질거린다면, 이는 잘못된 발성을 하고 있다는 신호입니다. 이런 느낌이 든다면 즉시 발성 연습을 멈추고, 문제가 무엇인지 점검해야 합니다. 턱에 힘이 들어갔는지, 호흡이 막히는지, 어깨나 복부에 과도한 긴장이 있는지, 소리의 초점이 뒤로 쏠리는지 점검해보세요.

좋은 발성은 목과 주변 근육에 통증이 전혀 없어야 합니다. 통증은 단련해서 사라지는 것이 아닙니다. 오히려 좋은 울림을 통해 편안하고 시원한 느낌이 들어야 합니다.

목의 통증이나 피로감이 쉽게 해결되지 않는다면 다음에 소개하는 기류와 압력을 조절하는 반폐쇄성도 훈련을 하면 도움이 됩니다.

목의 부담을 줄이는 발성을
습관화하는 것이 포인트

이번 연습의 핵심은 잘못된 발성 습관을 개선해 목소리가 쉽게 상하는 것을 막고, 목의 부담을 줄이는 발성을 익히는 것입니다. 아래 연습을 차례대로 진행하면, 종일 말해도 지치지 않고 건강하고 안정적인 목소리를 낼 수 있습니다.

빨대 발성 연습으로 성대의 부담 줄이기

빨대 발성법은 성대에 가해지는 부담을 줄이면서 공기 흐름을 조절하고 발성을 개선하는 효과적인 훈련법입니다. 꾸준히 연습하면 목소리가 부드러워지고 안정성이 높아지며, 장시간 말해도 피로가 덜합니다. 특히 목이 쉽게 긴장되거나 목소리가 자주 쉬는 사람들에게 매우 유용한 방법입니다.

'가글' 발성 연습으로 성대 긴장 이완하기

가글 역시 발성 연습에 효과적인 도구가 될 수 있습니다. 물을 입에 머금고 가글을 하면 성대 주변 근육이 자연스럽게 이완되며, 호흡과 공명의 균형을 맞추는 데 도움이 됩니다. 단순하면서도 실천하기 쉬운 훈련법입니다.

'Z 버징' 연습으로 공기 흐름과 성대 진동의 균형 만들기

발성 훈련에서 가장 잘 알려진 말 중 하나는 바로 '공기 반, 소리 반'입니다. 이는 소리를 낼 때 공기의 흐름과 성대의 진동이 적절한 균형을 이루어야 한다는 의미입니다. 이 균형을 익히기에 좋은 방법이 바로 'Z~' 소리 내기입니다.

 스마트폰이 울릴 때 미세한 진동이 느껴지듯, 성대에서도 일정한 진동이 만들어져야 합니다. 이때 발생하는 윙윙거리는 소리를 '버징 사운드(Buzzing Sound)'라고 하는데, 이는 성대 접촉을 자연스럽게 조절해 소리의 집중도를 높이고, 보다 명확한 발성을 가능하게 합니다.

버징 사운드에 익숙해졌다면 이제 성대 진동을 모음으로 확장하는 과정에 집중해야 합니다. 발성할 때 울림이 끊기지 않고 지속되도록 돕는 것이 핵심입니다. 즉, 앞서 연습한 Z 발성을 모음과 연결하되 성대 진동이 중간에 끊기지 않도록 유지하는 연습입니다.

마지막으로, 발음을 더욱 명확히 하기 위해서는 단계별 훈련이 필요합니다. '단어 발음 → 두 단어 연결 → 문장 발화' 순서로 점차 확장해 연습하면, 보다 안정적이고 또렷한 발성을 완성할 수 있습니다.

빨대 발성 연습

① 빨대와 생수병(반 정도 분량의 물)을 준비합니다. 빨대는 카페에서 흔히 사용하는 일반 굵기의 사이즈가 적합합니다.

② 등을 곧게 펴고 어깨와 목의 힘을 뺀 채 편안하게 앉거나 섭니다. 숨을 들이쉴 때 배가 자연스럽게 나오고, 내쉴 때 들어가는 복식호흡을 유지하세요. 목이 아닌 폐로 깊이 호흡하는 느낌을 가져갑니다.

③ 5센티미터 높이 정도의 물이 담긴 생수병에 빨대를 넣은 상태에서 5초 동안 바람을 불어 기포가 일정하게 생기는지 확인합니다.

④ 같은 방법으로 이번에는 '부~~' 하고 소리를 내며 기포가 일정하게 유지되는지 확인합니다.

⑤ 물병이 준비되지 않았다면 빨대만으로도 연습할 수 있습니다. 종이 빨대를 입술로 가볍게 문 상태에서, 뱃고동 소리처럼 '부~~~' 하고 5초간 소리를 내봅니다. 이때 빨대 끝과 얼굴에서 느껴지는 진동이 5초 동안 일정하게 유지된다면, 지치지 않는 안정적인 발성을 하고 있는 것입니다.

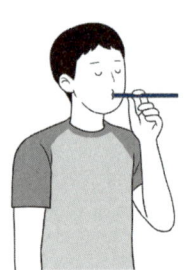

'가글' 발성 연습

① 미지근한 물을 한 모금 머금습니다.

② 머리를 살짝 뒤로 젖히고 목 깊숙이 '거~' 소리를 내면서 5~10초간 가글합니다. 이때 목이 긴장되지 않도록 편안한 상태를 유지합니다.

③ 가글 소리를 내면서 호흡의 흐름이 일정한지, 불안정한지 인식해봅니다.

④ 가글을 유지한 상태에서 음도를 조금씩 높였다가 낮추며 성대가 유연하게 반응하는지 느껴봅니다.

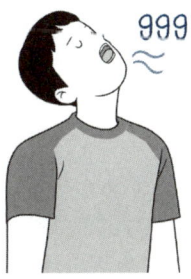

따라 하기 POINT

'가글' 훈련은 자연스럽게 성대 주변의 근육을 이완시키고 호흡을 조절하게 도와주어 부드럽고 안정적인 목소리를 만들어줍니다. 특히 공명이 더 풍부해지고 목이 편안해지는 효과를 경험할 수 있는데요. 가글 훈련 후 '음~~' 하며 허밍을 하면 그 효과를 더욱 잘 느낄 수 있습니다.

 **공기 반 소리 반 'Z' 발성 연습**

① 등을 곧게 세우고 어깨와 목에 힘을 뺀 뒤, 5초 동안 천천히 숨을 깊게 들이마십니다. 배가 자연스럽게 나오도록 복식호흡을 유지하세요.

② 5초간 호흡을 멈추며 몸의 긴장을 풀고 발성 준비 상태를 만듭니다.

③ 5초 동안 'Z~' 소리를 냅니다. 이때 성대가 붙었다 떨어지며 생기는 미세한 떨림을 느껴보세요.
스마트폰이 손바닥에서 '윙~' 하고 진동하는 듯한 느낌이 성대에서 일정하게 전달되면 올바른 발성입니다.

④ 위 과정을 반복하면서, 공기 흐름과 소리가 일정하게 유지되는지 확인합니다.

따라 하기 POINT
먼저 공기를 충분히 흘려보내며 가볍게 'Z~' 소리를 낸 뒤, 점차 공기량을 조절하면서 성대에서 스마트폰이 진동하듯 일정하게 떨리는 느낌을 익혀 나가야 합니다. 이때 혀끝은 윗니 뒤쪽에 가볍게 위치해야 하며 /ㅈ/ 발음으로 변하지 않도록 주의해야 합니다. 특히 'Z~' 소리를 끊어서 '즈즈즈'처럼 내거나, 무성음으로 빠져 '츠츠츠'가 되는 것은 잘못된 발성입니다. 치아와 혀끝 사이에서 느껴지는 미세한 압력과 진동을 길게 이어가며 일정한 성대 진동을 유지하는 것이 핵심입니다.

> **따라 해볼까요** **Z 버징을 모음으로 확장 연습**

① 먼저 'Z~' 발음을 내며 성대의 일정한 진동을 느낍니다. 스마트폰이 손바닥에서 '윙~' 하고 울리는 듯한 작은 진동을 성대에서 찾는 것이 핵심입니다.

② 'Z~' 소리를 유지한 채로 모음으로 자연스럽게 넘어가봅니다. 이때 소리가 끊기지 않도록 진동이 Z → 모음으로 그대로 이어져야 합니다.

Z~ 아(즈 으 아~)

Z~ 에(즈 으 에~)

Z~ 이(즈 으 이~)

Z~ 오(즈 으 오~)

Z~ 우(즈 으 우~)

③ 위의 패턴을 여러 차례 반복하면서 성대 진동이 흔들리지 않고 일정하게 이어지는지 확인하세요.

따라 하기 POINT

숙련도가 올라가면 발음을 조금 더 빠르게 하거나, 음높이를 위아래로 움직이며 연습해 봅니다. 이때는 활을 그리듯 곡선을 따라 부드럽게 이어가는 느낌으로 소리를 높였다 낮추어 보세요. 소리가 계단처럼 뚝뚝 끊기지 않고, 자연스럽게 이어져야 합니다.

Z 버징 후 발음 강화 연습

① Z 버징 사운드를 만든 후, 다음에 제시된 단어들을 순서대로 읽어봅시다.

자	자동차
지금	조용
제비	조금
주머니	준비
자리	즐거운

② Z 버징 사운드를 만든 후, 다음에 제시된 두 단어를 읽어봅시다.

자리 좋아	자동차 운전
지금 와요	준비 완료
제비 날아	조금 기다려
주머니 속에	잘 자요
조용히 해	즐거운 하루

③ Z 버징 사운드를 만든 후, 다음에 제시된 문장들을 읽어봅시다.

자리에 앉으세요.

지금 바로 출발하세요.

제비가 하늘을 날아요.

주머니에서 열쇠를 꺼냈어요.

조용히 해주세요.
자동차가 빠르게 달립니다.
준비가 다 되었어요.
조금만 더 기다려주세요.
잘 자고 좋은 꿈 꾸세요.
즐거운 하루 되세요.

따라 하기 POINT
Z 버징에서 만든 진동이 단어랑 문장으로 이어질 때 끊기지 않도록 해보세요. 처음 나오는 'ㅈ'은 세게 치지 말고, 버징의 울림을 그대로 모음까지 이어주는 게 좋습니다. '즈즈즈'처럼 뚝뚝 끊기거나 '츠츠츠'처럼 무성음으로 바뀌면 다시 호흡을 정리해주세요.
턱과 어깨 힘을 툭 풀고, 혀끝을 윗니 뒤쪽에 살짝 두면 소리가 한결 안정됩니다. 소리를 낼 땐 계단처럼 끊지 말고, 활을 그리듯 자연스럽게 이어간다는 느낌으로 해보세요.

목소리 피로를 단숨에 줄이는 세 가지 팁

자유자재로 소리의 크기 조절하기

많은 사람들이 강한 소리를 내면 성대가 빨리 지친다고 생각하지만, 오히려 변화없이 일정한 크기로만 말하는 것이 성대를 더 지치게 합니다. 성대는 단조로운 자극보다 적절한 변화를 줄 때 더 오래 사용할 수 있습니다. 장시간 말할 때 작은 소리(Soft Voice)와 큰 소리(Full Voice)를 번갈아 사용하면 성대 부담이 줄어듭니다.

① 다음 문장을 제시된 지시 사항을 떠올리며 '작게 → 크게 → 작게' 순으로 소리 크기를 조절하며 말합니다.

(길게 줄 서 있는 상황, 바로 앞사람의 어깨를 두드리며)
이것 좀 맨 앞에 전달해주세요.

(줄 가장 앞에 서 있는 사람에게)
물건 전달합니다~!

(바로 앞 사람에게 다시)
감사합니다.

따라 하기 POINT

거리감을 구체적으로 상상하며 말하면 자연스럽게 소리 크기가 달라집니다. 목을 억지로 밀어 쓰지 말고, 복식호흡과 공명을 활용해 볼륨을 키워야 합니다. 가까운 거리에서는 소리를 가볍게, 멀리 보낼 때는 호흡을 더 실어 멀리 도달하는 울림을 만들어보세요.

말하는 위치 바꾸기

① 다음은 과거 아픈 기억을 딛고 새롭게 시작하고자 하는 드라마 인물의 독백 대사입니다. 제시된 지시 사항에 맞춰 읽어봅니다.

(의자에 천천히 앉으며)
이 자리에 앉으면, 늘 그날이 떠오른다.
아무것도 말하지 못했던 그 순간이….

(갑자기 일어나며)
아니야, 이제는 달라져야 해. 더는 과거에 머물 수 없어.

(창가 쪽을 바라보며 천천히 걸어가면서)
맞아… 어렵지만 나도 한 걸음 내디뎌볼 때가 된 거겠지.

따라 하기 POINT

한 가지 자세로만 말하면 성대뿐 아니라 주변 근육까지 쉽게 피로해집니다. 자세를 바꾸면 호흡의 흐름도 달라지고 발성도 자연스럽게 조정됩니다. 앉았다가 일어나거나, 시선을 다른 쪽으로 돌리며 말하는 것만으로도 호흡이 새로워지고 긴장이 풀립니다. 여기서 말하는 '위치'는 후두의 높낮이뿐 아니라 몸의 자세와 그로 인한 호흡의 변화를 의미합니다.

말하기 전에 '가짜 하품' 하기

① 기지개를 켜며 진짜 하품을 해봅니다. 하품과 함께 목이 자연스럽게 이완되는 느낌을 경험하세요.

② 이번에는 가짜 하품을 합니다. 목소리가 섞이지 않아도 괜찮으니, 목이 풀리는 감각에 집중해보세요.

③ 가짜 하품으로 목을 이완하며 편안하게 '하아~' 소리를 내어보세요. 가짜 하품을 하며 다음 문장을 말해봅니다.

하어(하품)~ 디야 [어디야]

하아(하품)~ 니요 [아니요]

하아(하품)~ 랐어 [알았어]

> **따라 하기 POINT**
> 말을 많이 하면 후두가 점점 올라가면서 성대가 긴장하게 됩니다. 이때 가짜 하품을 하면 후두가 자연스럽게 내려가고 목 주변 긴장이 풀리면서 성대 피로가 줄어듭니다. 말을 많이 해야 하는 날이라면 틈틈이 이 방법을 사용하여 성대 긴장을 풀어주세요.

5장

"무슨 말을 하는지 잘 모르겠다는 말을 자주 들어요"

또박또박 발음 정확하게 말하기

말이 자주 꼬인다고요?
발음이 뭉개지고 샌다고요?

"'또 무슨 말인지 못 알아들었나 보다…' 대화를 하다 보면 이런 생각이 들고 얼굴이 달아오를 때가 있어요. '뭐라고 했죠?' 상대는 가볍게 던진 질문이겠지만요. 자꾸 뭉개지고 새는 발음 때문에 말할 때마다 위축돼요."

발음이 꼬이고 뭉개지는 고민을 갖고 있는 상당수가 이 문제를 개선하기 위해 볼펜을 물고 말하기를 연습합니다. 이것 또한 물론 도움이 되지만, 이는 발음이 부정확해지는 원인을 단순히 '혀의 움직임' 때문이라고 생각하기 때문이 아닌가 합니다. 즉, 혀의 움직임이 둔해서 발음이 꼬인다고 여기는 것입니다. 하지만 실제로 발음이 부정확해지는 문제는 결코 한 가지 원인에서 비롯되지 않습니다. 여러 요인이 복합적으로 작용한 결과죠.

대표적인 원인 가운데 하나는 준비되지 않은 발성입니다. 목, 정확히는 성대와 후두가 충분히 풀리지 않은 상태에서 말을 시작하면 소리가 뻣뻣하고 부자연스럽게 나오고, 호흡이 불안정하면 공기의 흐름이 끊기거나 급하게 내뿜어져 발음이 흔들릴 수 있습니다.

또 다른 요인은 발음기관의 움직임이 조화롭게 움직이지 못하는 것입니다. 혀뿐 아니라 입술, 턱의 움직임이 조화롭지 않으면 발음이 어색해지고 자연스럽게 연결되지 않습니다. 혀가 너무 빨리 움직이면 소리가 엉키고, 반대로 느려서 발음이 어눌해집니다. 입술과 턱이 적절한 타이밍을 맞추지 못하면 말소리가 뚝뚝 끊기고 전달력도 크게 떨어집니다.

여기에 더해, 자신의 목소리를 지나치게 의식하는 습관도 발음을 어렵게 만듭니다. 많은 사람이 말할 때 다음 말을 미리 준비하거나 발음을 고치려 애쓰지만, 이 과정에서 말의 흐름이 끊기고 오히려 더 꼬이게 됩니다.

실화를 바탕으로 한 영화 〈킹스 스피치〉의 주인공, 영국의 왕 조지 6세도 비슷한 어려움을 겪었습니다. 그는 연설할 때마다 자신의 발음과 목소리를 과도하게 의식하며 긴장했고, 말이 매끄럽게 이어지지 않았습니다. 그러나 언어치료사의 도움으로 발음 하나하나에 집착하기보다 흐름과 전달에 집중하는 법을 배우며 점차 극복할 수 있었습니다. 이후 그는 세계대전 당시 국민에게 깊은 울림을 전하는 명연설을 남겼습니다.

그렇다면, 발음이 꼬이고 뭉개지는 문제를 어떻게 해결할 수 있을까요? 핵심은 발성기관이 자연스럽게 움직이도록 훈련하는 것입니다. 혀와 입술을 충분히 풀어주고, 발음이 나오는 정확한 타이밍을 이해하며 조절하는 연습이 필요합니다. 물론 호흡을 안정시키고 또박또박 정확하게 발음하려는 노력도 필요하지만, 무엇보다 말의 흐름과 리듬에 집중하는 것이 부드럽고 정확한 발음을 만드는 가장 효과적인 방법입니다.

입술 유연성 운동부터 문장 읽기까지
발음의 정확성을 쌓아가는 것이 포인트

이번 훈련의 포인트는 두 가지입니다.

첫째, 발음기관을 유연하게 풀어주는 것입니다. 혀, 입술, 턱 등이 긴장 없이 부드럽게 움직여야 정확한 발음을 자연스럽게 구사할 수 있습니다.

둘째, 정확한 발음을 만들기 위해서는 단계적인 연습이 필요합니다. 입의 움직임을 조절하고, 자음과 모음을 명확히 구분하며, 최종적으로는 자연스러운 문장 흐름을 익히는 과정입니다. 여러 구분과 단계를 나누어 훈련하면 보다 세밀하게 발음을 개선해 갈 수 있습니다.

구체적인 훈련 방법은 다음과 같습니다.

발음기관을 유연하게

우선 혀 스트레칭 및 운동을 실시합니다. 혀는 여러 근육으로 이루어진 기관으로, 유연성과 근력이 발음의 정확성과 발성의 자연스러움에 큰 영향을 줍니다. 혀가 경직되거나 움직임이 둔하면 발음이 흐려지고 발성이 부자연스러워질 수 있습니다. 반대로 혀의 유연성과 근력을 길러주면 발음이 또렷해지고 발성도 한결 자연스러워집니다.

혀의 탄력성과 근력을 기르는 효과적인 방법으로는 혀 차기('쪽, 쫙'), 목탁 소리 연습, 그리고 시계 소리 내기(똑딱똑딱)가 있습니다.

그중 혀 차기 연습은 혀의 유연성과 독립성을 강화하여 또렷한 발음을 돕고, 혀 근육의 빠른 움직임을 익혀 발음 타이밍 조절 능력을 향상시킵니다. 또한 혀와 입천장의 접촉 감각을 길러 정확한 발음 위치를 찾는 데 도움을 주며, 특히 빠른 혀 움직임이 필요한 발음(예: ㄷ, ㄸ, ㅌ)을 더욱 선명하게 만들어줍니다.

목탁 소리 연습은 혀의 근력을 강화해 발음을 선명하고 안정적으로 유지할 수 있도록 돕습니다. 혀끝과 입천장 뒤쪽의 협응력을 높여 발음의 힘과 정확성을 키워주며, 리드미컬한 혀 움직임을 통해 말의 탄력성과 유창성을 향상시킵니다.

다음은 입술 운동입니다. 입술은 발음의 명확성을 결정하는 중요한 요소 중 하나로, 입술이 탄력 있고 자연스럽게 움직여야 자음과 모음이 원활하게 연결됩니다.

마지막으로 턱 운동을 진행합니다. 턱에 불필요한 힘이 들어가면 발성이 경직되고 자연스러운 소리를 내기 어렵습니다. 따라서 턱을 가볍게 이완한 상태에서 발음하는 연습이 필요합니다. 이때 영어의 슈와(ə) 발음을 활용하면 효과적입니다. 슈와는 힘을 뺀 중립적인 모음으로, 한국어의 '으'와 비슷하지만 입을 크게 벌리지 않고 혀를 편안하게 둔 상태에서 발음하면 됩니다.

목 열기

혀의 움직임은 발성과 발음 모두에 중요한 영향을 미칩니다. 혀의 위치에 따라 소리와 발음이 크게 달라지며, 불필요한 힘이 들어가면 성대와 구개에도 영향을 줍니다. 예를 들어 혀뿌리에 힘이 들어가면 목 안쪽이 당겨지면서 공명이 어려워지고 성대가 긴장하게 됩니다. 나아가 혀뿌리가 후두 쪽으로 당겨지면 입안의 공간이 좁아져 답답한 소리나 둔탁한 발음이 나오기 쉽습니다. 또한 후두가 위로 올라가면서 성대가 과도하게 긴장하면 목소리가 거칠어지고 쉽게 피로해집니다. 혀의 움직임이 둔해져 빠르게 말하기가 어려워지고, ㄱ·ㅋ·ㅇ 같은 연구개음 발음이 부정확해질 가능성도 커집니다.

목소리가 작게 나오거나 목이 조이는 듯한 느낌이 든다면, 이는 목구멍이 막힌 상태일 수 있습니다. 이럴 때는 혀를 내밀고 '미' 소리를 내는 연습이 도움이 됩니다. 이렇게 하면 혀뿌리의 긴장이 풀리고, 목구멍이 열려 소리를 내기 좋은 상태가 됩니다.

단계별로 발음 훈련

보다 또렷하고 듣기 좋은 발음을 위해 3단계 훈련을 권장합니다.

첫째, 입 모양과 입의 열림을 점검하는 연습입니다. 문장에서 자음을 제거하고 모음만 발음하면서 입의 움직임을 조절합니다. 둘째, 자음을 포함한 단어 발음을 또박또박 끊어 발음하며, 자음과 모음의 조화를 익힙니다. 셋째, 문장을 호흡에 맞춰 자연스럽게 나누어 발음하는 연습을 합니다. 이를 통해 발음뿐 아니라 말의 흐름도 한층 매끄럽고 듣기 좋게 다듬을 수 있습니다.

 **발음기관 유연성 운동**

혀 스트레칭

① 치아 뒤쪽 윗잇몸을 혀로 훑습니다. 혀끝을 윗잇몸 한쪽 끝에 댄 후, 반대편까지 천천히 움직입니다.
여러 번 반복하며 혀의 움직임을 부드럽게 만들어주세요.

② 치아 앞쪽 잇몸을 혀로 훑습니다.
혀끝을 아래 앞니 뒤쪽 잇몸에 대고 좌우로 움직이며 마사지하듯 훑어줍니다.

③ 혀로 볼을 밀어봅니다.
혀를 한쪽 볼 안쪽에 밀어 넣고 몇 초간 유지한 후, 반대편도 동일하게 실시합니다. 이 과정을 번갈아가며 반복하세요.

④ 혀끝을 입천장에 대고 최대한 목젖 방향으로 말아 올려봅니다.
혀의 뒤쪽까지 시원하게 늘어나는 느낌을 확인하며 반복하세요.

> **따라 하기 POINT**
> 혀의 움직임이 둔하면 목소리가 무겁고 웅얼거리는 소리가 나기 쉽습니다. 먹을 때 한쪽으로만 씹는 습관이 있는지 체크하고, 혀끝에 힘이 들어가는지 또는 혀뿌리에 힘이 들어가는지를 느껴보면서 조절하는 것이 중요합니다.

혀를 앞으로 빼 목 열기

① 혀를 최대한 앞으로 쭉 내밉니다.

혀끝을 입술 사이에 두고, 아래로 처지지 않도록 유지합니다.

② 혀를 내민 상태에서 자연스럽게 숨을 쉽니다.

③ '미~ 미~ 미~' 하고 길게 소리를 냅니다.

소리를 낼 때 턱과 목에 불필요한 힘이 들어가지 않도록 신경 씁니다.

미~ 미~ 미~

> **따라 하기 POINT**
> 혀를 내밀 때 혀끝이 아래로 처지지 않도록 주의하고, 발성하는 순간 혀가 다시 들어가지 않게 신경 써야 합니다. 입안에서 혀를 가볍게 띄우는 느낌을 가지면 좋습니다.
> '미~ 미~ 미~' 소리를 낼 때는 턱과 목의 긴장을 풀어야 효과적이며, 혀가 뒤로 말려 들어가면 '메메메' 같은 소리가 나거나 숨이 막힐 수 있으니 조심하세요.

혀 차기 연습

① 입을 살짝 벌리고 혀끝을 입천장에 붙였다가 튕기며 '쪽' 소리를 냅니다.

② '쫙– 쫙– 쫙'처럼 천천히 연습한 뒤, '쪽쪽쪽'처럼 빠르게 반복합니다.

③ 그다음에는 '쫙~ 쪽쪽! 쫙~ 쪽쪽!'처럼 강약을 주어 리드미컬하게 연습합니다. 연습 속도는 천천히 → 빠르게 → 리드미컬 하게 단계적으로 늘려주세요.

④ 이번에는 앞에서 연습한 혀 차기를 의식하고 발음에 유의하며 다음 문장을 읽어봅시다.

> 짜증나지 않게 차분히 생각해보자.
> 짧은 시간에도 집중하면 큰 변화가 생긴다.
> 처음처럼 천천히 차분하게 말해보세요.
> 처음처럼, 자주 챙기며 꾸준히 달려가자.
> 자신감을 가지고, 차근차근 길을 걸어가자.
> 조금씩 차근차근 쌓아가면 큰 성과가 있다.

따라 하기 POINT
혀 차기 연습은 혀의 유연성과 독립성을 길러 발음을 또렷하게 만들어줍니다. 처음에는 '쫙~'처럼 길게, 그다음에는 '쪽쪽쪽'처럼 빠르게, 마지막에는 강약을 주어 리드미컬하게 연습하면 혀 움직임의 속도와 힘을 고르게 조절할 수 있습니다. 연습 후 문장을 읽을 때는 혀 차기의 감각을 살려 발음의 힘과 정확성을 유지하는 것이 중요합니다.

혀 목탁 소리 연습

① 입을 살짝 벌린 상태에서 혀를 입천장 뒤쪽에 톡 튕기며 '똑' 또는 '딱' 소리를 내 보세요.

똑 딱 똑 딱 똑 딱

② 처음엔 천천히 '똑… 딱… 똑… 딱…'

③ 익숙해지면 속도를 올려 '똑딱똑딱'처럼 리듬감 있게 반복합니다. 입술과 혀의 협응을 위해 '다다다 → 똑딱똑딱 → 타타타'처럼 변화를 줘도 좋습니다.

④ 이번에는 앞에서 연습한 혀 목탁 소리 연습을 의식하고 발음에 유의하며 다음 문장을 읽어봅시다.

다가올 도전에 대비해 준비를 철저히 하자.
단단히 다져진 토대 위에 터전을 만들자.
도전적인 목표를 달성하기 위해 뜨겁게 달려가자.
특별한 순간을 위한 노력은 모든 터닝포인트를 만들어낸다.
태도를 바꾸면, 모든 일이 새롭게 태어나듯이 변화할 수 있다.

혀끝의 정확성 키우기

① 혀끝을 윗니 바로 뒤쪽에 댄 상태에서 '나나나', '라라라' 소리를 냅니다.

나 나 나~

라 라 라~

② '나나나', '라라라' 발음하면서 혀끝이 정확한 위치에서 움직이는지 느껴보세요. 혀의 탄력을 높이기 위해 '르르르'처럼 혀를 가볍게 떨면서 발음하는 것도 도움이 됩니다.

③ 혀끝을 굴리며 다음 문장을 읽어봅니다.

따르르르릉, 노로 위에 자전거가 지나간다.

드르르르렁, 내 남편은 오늘도 코를 곤다.

으르르르렁, 앞니를 드러내며 짖는다.

따라 하기 POINT
혀는 정확한 위치(치경)에서 부드럽게 움직여야 하며, 과도한 긴장이 없어야 합니다. 혀끝을 명확하게 조절하면서도 자연스럽게 움직이는 것이 중요합니다.

입술 탄력과 조절력 키우기

① 입술을 가볍게 모아 '부바, 부바, 부바'를 반복하며 입술의 탄력을 확인합니다.

(기본형)

부바~ 부바~ 부바~

(단순 반복형)

바바~ 바바~ 바바~

파파~ 파파~ 파파~

마마~ 마마~ 마마~

(양순음 조합)

부무~ 부무~ 부무~

무부~ 무부~ 무부~

(강세를 주는 자음)

빠빠~ 빠빠~ 빠빠~

뿌빠~ 뿌빠~ 뿌빠~

뽀빠~ 뽀빠~ 뽀빠~

(호흡하며 입술 열기)

푸푸~ 푸푸~ 푸푸~

퍼퍼~ 퍼퍼~ 퍼퍼~

(입술 닫힘과 열림)

비비~ 비비~ 비비~

미미~ 미미~ 미미~

② 입술이 부드럽게 움직이면서 적절한 압력이 유지되는지 느껴보세요.

③ '(짧은)읍-부, (짧은)읍- 부'를 연습하면 입술의 탄력을 높이는 동시에 자음과 모음이 자연스럽게 연결되는 데 도움이 됩니다.

> **따라 하기 POINT**
> 입술을 가볍게 닫았다가 튀어나오듯 움직이며 힘을 최소화해보세요. 발음할 때 양쪽 입술이 고르게 움직이는지 거울로 확인하면 좋습니다. 연습 후 입술이 뻣뻣하게 느껴진다면 힘을 빼고 다시 시도해보세요.

턱 운동 – 턱의 이완과 '슈와' 발음 연습

① 혀끝을 윗니 바로 뒤쪽(치경)이나 입천장에 살짝 대고 '라라라~'를 발음해보세요. 이때 혀끝이 정확한 위치에서 유연하게 움직이는지 확인합니다.

라 라 라~

② 입을 자연스럽게 벌렸다가 닫으며 '으아으아'를 반복합니다.

으아 으아 으아

③ 턱을 가볍게 이완한 상태에서 '으으으'를 반복하며 발음합니다.

따라 하기 POINT

혀는 '라라라' 발음을 통해 치경에 자연스럽게 닿도록 하고, 과도한 힘을 주지 않으면서도 위치가 흔들리지 않도록 유지합니다. 턱은 '으아'와 '슈와(ə)' 발음을 할 때 긴장이 풀린 상태에서 부드럽게 위아래로 움직이도록 합니다. 또한 혀와 턱이 따로 놀지 않고 서로의 리듬을 맞추어 자연스럽게 협응하는 것이 중요합니다. 연습할 때는 '힘을 빼되, 위치와 리듬은 분명히 한다'는 원칙을 기억하세요.

따라 해볼까요 | 선명한 발음을 위한 3단계 연습

모음 발음

[연습 문장]
"철저히 검토하였습니다."

① 단어에서 첫 자음을 빼고 지시 사항에 맞게 발음해봅니다. 발음하면서 소리가 입안에서 울리며 부드럽게 흘러가는지 체크하세요. 입을 과하게 찢지 않고 편안한 입 모양을 유지하는 것이 중요합니다.

얼 어 이 엄 오 아 였 읍 이 아

② 이번에는 제시된 지시 사항에 맞게 발음해봅니다. 소리가 입안에서 울리면서 부드럽게 흘러가는지 체크하세요.

(끊어지듯 발음하기)
어 어 이 어 오 아 여 으 이 아

(일정한 음정으로 이어 발음하기)
어– 어– 이– 어– 오– 아– 여– 으– 이– 아–

(자신만의 억양으로 발음하기)
어– 어– 이– 어– 오– 아– 여– 으– 이– 아–

자음 포함, 단어 끊어 읽기 - 정확한 발음으로 읽어봅시다

① 앞쪽에서 제시된 연습 문장을 자음을 포함해, 단어를 또박또박 끊어서 읽어봅시다. 끊어 읽기는 자음과 모음을 조화롭게 발음하는 데 좋습니다.

철 저 히 검 토 하 였 습 니 다

② 한 단어를 여러 번 반복해서 명확도를 높이면서 발음해봅시다. 속도를 조절하며 천천히 정확하게 발음하도록 시도합니다.
발음하면서 각 음절이 또렷하게 들리는지 확인하세요.

철! 철! 철!
저! 저! 저!
히! 히! 히!
→ 철 저 히!

③ 전체 문장을 읽으며 흐름과 리듬을 익혀봅시다. 아래 제시된 문장처럼 호흡을 나누어 발음하는 연습을 해보세요.

철저히 / 검토 / 하였습니다.
철저히 검토 / 하였습니다.
철저히 검토하였습니다.

따라 하기 POINT

● 철저히 / 검토 / 하였습니다.
'철저히'를 자연스럽게 이어서 발음하고, '검토'에서 살짝 끊어 리듬을 조절한 후, '하였습니다'를 부드럽게 연결합니다. 단어 하나하나를 또렷하게 발음하며, 각 음절이 명확하게 들리는지 확인합니다.

● 철저히 검토 / 하였습니다.
'철저히 검토'를 한 덩어리로 묶어 자연스럽게 연결하고, '하였습니다'에서 흐름을 이어갑니다.
강세와 높낮이를 조절해 단어들이 자연스럽게 이어지도록 연습해보세요.

● 철저히 검토하였습니다.
단어를 끊지 않고, 한 호흡으로 부드럽게 연결하며 자연스럽게 발음하는 연습을 합니다. 문장 전체의 흐름을 고려하면서 리듬감 있게 발음합니다.

6장

"기어들어가는 목소리,
여러 사람과 있을 때 제 말은 자꾸 묻혀요"

소리가 작아도 분명하게 전달되는 목소리 만들기

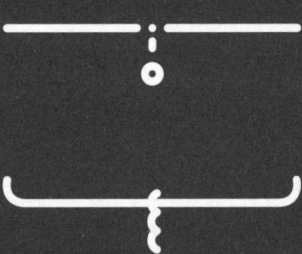

주문했는데 못 들었다고요?
목소리가 전달되지 않는 이유

사람이 많은 식당에서 "여기 주문할게요~" 하고 불렀지만, 다른 소음과 여러 사람의 목소리에 묻혀 직원이 듣지 못한 경험이 있지 않으신가요? 많은 사람이 있는 자리에서는 하고 싶은 말이 있었지만, 주변 소리에 내 목소리가 묻혔던 적은 없으신가요?

이런 상황은 보통 세 가지 이유에서 발생합니다. 첫째, 목소리가 작아 충분한 거리까지 전달되지 않기 때문이고, 둘째, 발음이 명확하지 않아 상대방이 내용을 제대로 알아듣지 못하기 때문입니다. 셋째, 적절한 성량과 발음을 갖추고 있어도 비음(코로 빠지는 소리)이 심하면 소리가 맑게 뻗지 못해 전달력이 떨어질 수 있습니다. 특히 목소리가 작은데 웅얼거리듯 말하기까지 하면 소리가 입안에서 뭉개져 더욱 잘 들리지 않습니다.

비음을 줄이고
자연스러운 성량 조절을 익히는 것이
포인트

이번 훈련의 포인트는 크게 두 가지입니다. 첫째, 적절한 성량을 찾는 것, 둘째, 전달력을 떨어뜨리는 답답한 콧소리를 개선하는 것입니다. 여기에 강세와 억양을 활용해 보다 전달력 있는 목소리와 말하기를 완성해보겠습니다.

구체적인 훈련 순서는 다음과 같습니다.

이중모음 발음하며 입술과 혀 풀기

'야, 요, 와, 위, 예…'와 같은 이중모음 발음을 연습해 입술과 혀의 움직임을 부드럽게 풀어줍니다. 입술과 혀가 자연스럽게 움직이면 호흡의 지속성이 높아지고, 모음 간 연결이 매끄러워져 발음을 또렷하게 만드는 데 도움이 됩니다.

또렷한 발성과 발음을 위한 입 개방하기

많은 사람들이 말할 때 입을 크게 움직이지 않는 습관을 가지고 있습니다. 실제로 말하기와 목소리 문제로 상담을 받는 분들 중 상당수는 '입을 충분히 열기'만으로 고민이 해결되는 경우가 많습니다. 입을 충분히 열지 않으면 발음이 웅얼거리거나 흐려질 수 있으므로, 이번 단계에서는 입을 단계적으로 벌려보는 훈련을 진행합니다. 적절한 개구 범위를 인식하고 조절하는 능력을 기르면 발성과 발음이 한층 또렷해집니다.

연구개를 조절하며 비음 줄이기

콧소리가 심하면 목소리가 뭉개져 전달력이 약해지고, 듣는 사람에게 답답하고 막힌 인상을 줍니다. 콧소리는 연구개(목젖 부위)가 아래로 늘어져 공기가 코로 빠져나갈 때 발생합니다. 연구개를 유연하게 조절하는 것이 콧소리, 비음을 줄이는 핵심입니다. 그리고 연구개의 움직임이 좋아지면 공명 공간이 넓어져 더 풍부하고 또렷한 소리를 낼 수 있습니다. 따라서 이를 개선하기 위해서는 연구개를 들어 올리는 훈련이 필요합니다.

가장 효과적인 방법은 '악가, 악가' 발음 연습입니다. '악'을 발음할 때 연구개가 올라가는 느낌을 의식하고, 이어서 '가'를 발음하며 자연스럽게 연결하는 방식입니다. 이 과정을 반복하면 연구개가 탄력적으로 움직이며 비음을 효과적으로 줄일 수 있습니다.

또한, 하품하듯 입천장을 들어 올리는 연습도 도움이 됩니다. 하품할 때처럼 숨을 들이마시며 연구개를 살짝 들어 올리면, 입안의 공간이 넓어지고 공기가 원활하게 흐릅니다.

적절한 성량 만들기

목소리가 잘 들리지 않는다고 느껴 무리하게 힘을 주거나, 답답함 때문에 고함을 치는 경우가 많습니다. 그러나 큰소리로 외치지 않아도 올바른 발성만으로 목소리를 멀리까지 전달할 수 있습니다. 이를 위해 필요한 것이 바로 소리의 방향성과 호흡 지지입니다.

소리의 방향성은 '소리를 어디까지 보낼 것인가'를 의식하며 연습할 때 키워집니다. 예를 들어 5미터, 10미터, 15미터 등 거리를 설정하고, 그 거리에 소리가 닿도록 말하는 훈련을 해보세요. 이를 통해 자연스럽게 성량을 조절하는 능력을 기를 수 있습니다.

또한 짧고 끊어지는 소리를 내는 스타카토(Staccato) 발성은 호흡 조절 능력을 높이는 데 효과적입니다. 동시에 성대의 탄력성을 강화하고 목의 긴장을 줄여줍니다. 성대를 빠르게 여닫는 이 훈련은 발성 근육을 단련하는 데도 도움이 되며, 또박또박 소리를 내는 습관을 길러 발음을 더욱 또렷하게 합니다.

강세와 억양을 활용해 말에 전달력 불어넣기

성량, 소리, 발음을 훈련했다면 마지막으로는 강세와 억양을 활용하는 훈련을 해봅시다. 같은 단어라도 강세, 장단음, 억양을 어떻게 주느냐에 따라 완전히 다른 의미와 느낌을 줄 수 있습니다. 이러한 요소를 효과적으로 활용하면 말의 전달력이 높아지고, 설득력 또한 크게 강화됩니다.

강세는 문장에서 어떤 단어를 강조하는지에 따라 의미를 바꾸며, 억양은 문장의 흐름과 감정을 전달하는 핵심 요소입니다. 같은 문장이라도 강세와 억양을 어떻게 주느냐에 따라 강조점과 중요성이 달라집니다.

이중모음 연습

따라 해볼까요

① 코로 천천히 숨을 들이마신 후, '아' 소리를 길게 내며 입안의 울림을 느껴봅니다. 그다음에는 연달아 '이, 우, 에, 오' 등 단순 모음도 길게 소리 내며 울림을 확인해 봅니다.

(쓰읍~) 아~~
(쓰읍~) 이~~
(쓰읍~) 우~~
(쓰읍~) 에~~
(쓰읍~) 오~~

② 이번에는 다음과 같이 이중모음을 발음해봅니다. 입술과 혀의 움직임을 크게 만들어 소리를 또렷하게 내봅니다.

(쓰읍) 야이야이~~
(쓰읍) 요우요우~~
(쓰읍) 와이와이~~
(쓰읍) 예이예이~~
(쓰읍) 우이우이~~

③ 제시된 문장을 읽으며 자연스럽게 이중모음 발음을 연습합니다.

요즘, 마음이 답답해서

예전에 올라갔던 산에 간다.

위에서 바라본 경치에

와~ 속이 시원해지고

야호~ 소리치니 더 편안하다.

따라 하기 POINT
이중모음 연습은 입술과 혀의 움직임을 부드럽게 조절해 발음을 또렷하게 하고, 모음 간 연결을 자연스럽게 만들어 말을 유창하게 만드는 연습입니다.
이 연습을 할 때는 거울을 보면서 입술과 혀가 부드럽게 움직이는지 확인하세요. 소리를 낼 때 불필요한 긴장이 들어가지 않는지도 체크합니다.

단계별 입 개방하기

입 개방하기

① 다음에 제시된 다섯 단계에 나눠 입을 크게 열어봅니다.

1단계 약간 벌림 → 2단계 보통 크기 → 3단계 충분히 개방됨 → 4단계 최대 개방 → 5단계 최대 개방 유지 또는 편안하게 조절

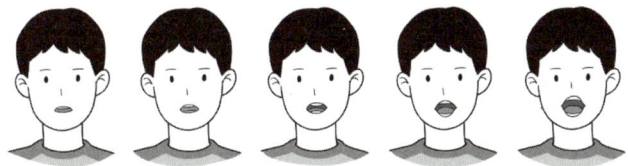

② 다음에 제시된 모음을 발음해봅시다. 입술과 혀의 움직임에 신경 쓰며 정확하게 소리 내도록 합니다.

아 에 이 오 우

> **따라 하기 POINT**
> 입 개방 정도와 손의 움직임을 일치시키며 연습하면 크기 변화를 쉽게 익힐 수 있습니다. 거울을 보며 입이 충분히 열리는지 확인하고 손과 비교해 입술 모양과 혀의 위치를 점검하세요. 특히 치료 현장에서는 입 벌림 인형과 자신의 입 벌림 정도를 비교하여 연습하기도 합니다.

도구를 활용해 입 개방하기

① 준비한 설압자(혀 누르개로 알려진 도구) 또는 티스푼을 활용해 혀뿌리 쪽을 눌러보며 목이 열리는 감각을 느껴봅시다.

② 혀의 위치를 누른 상태에서 숨을 깊게 들이마시고 내쉬면서 '허~' 하고 소리를 5번 반복해 내봅니다.

③ 혀뿌리를 누르면서 제시된 모음을 발음해봅니다. 발음하면서 혀뿌리가 내려가고 공기가 원활히 흐르는지 느껴봅니다.

어~~ / 오~~

④ 혀를 누르던 설압자를 빼고도 혀뿌리를 내리는 감각을 유지해봅니다. 그다음 제시된 모음을 발음하며 소리가 부드럽게 나오는지 연습합니다.

어~~ / 오~~

> **따라 하기 POINT**
> 입을 충분히 열지 않으면 혀나 입술, 성대 등을 원활하게 움직일 수 없어 발음이 웅얼거리거나 흐려질 수 있습니다. 따라서 입을 단계적으로 벌리는 연습을 통해 적절한 개구 범위를 인식하고 조절하는 능력을 기르는 것이 중요합니다.

> **따라 해볼까요**   **비음 줄이기 연습 - 연구개 올리기**

① 제시된 단어를 발음해봅시다. '악'을 발음할 때 연구개가 올라가 코로 공기가 새지 않고 입으로만 소리가 빠져나가는 느낌을 의식하세요.

악-가, 악-가

② 이번에는 코를 손으로 막아 공기가 새지 않게 한 뒤 같은 단어를 발음해봅니다. '악'을 발음할 때는 혀의 뒷부분이 연구개에 닿았다가, '가'로 넘어갈 때는 혀가 떨어지며 소리가 자연스럽게 이어지도록 해보세요. 이때 연구개는 계속 올라가 코로 바람이 새지 않게 유지합니다.

③ 하품하듯이 크게 숨을 들이마십니다. 이때 연구개가 위로 올라가며 입천장이 부드럽게 들려 올라가는 느낌을 느껴보세요.

④ 코에 손을 올리고 다음 문장을 읽어봅시다. 앞의 문장은 비음이 섞여 코로 울리는 소리가 나는 문장이고, 뒤의 문장은 비음이 거의 없는 문장입니다. 두 문장을 번갈아 발음하며 울림의 차이를 구분해보세요.

날이 맑아요. - 달이 밝아요.
무를 주세요. - 무가 크다.
어이 없네요. - 거기 적어요.
마음이 합니다. - 바둑을 두었다.

따라 하기 POINT
'ㅁ, ㄴ, ㅇ'과 같은 비음을 써야 하는 발음에서는 연구개가 자연스럽게 열려야 합니다. 이 연습의 목적은 필요할 때만 비음을 쓰고, 불필요할 때는 연구개를 닫아 소리를 맑고 힘 있게 전달하는 것입니다.

> 따라 해볼까요   **성량과 방향성 조절 연습**

거리감과 공간을 의식하며 말하기

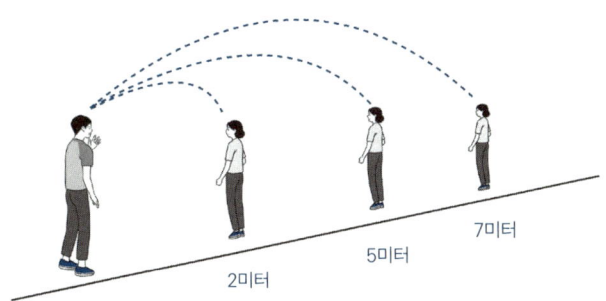

① 공명 활용하기

허밍으로 코와 머리 쪽 울림을 느낀 뒤, 모음을 강하게 발성합니다.

공명을 더한 이 모음 발음을 2미터, 5미터, 7미터 떨어진 사람에게 전달한다는 느낌으로 연습해보세요.

② 복식호흡 활용하기 (흡기 발성)

복부 깊이 공기를 채운 뒤, 일정한 강도로 길게 "하아~" 소리를 냅니다.

복식호흡을 활용한 '하아~' 발성을 2미터, 5미터, 7미터 거리까지 멀리 전달한다는 느낌으로 반복합니다.

하아~~~

③ 흡기 발성을 호기 발성으로 연결하기

놀라듯 숨을 들이마신 다음, 내쉬며 '후아', '하아'를 길게 발성합니다.
처음에는 작고 가볍게 시작해 점점 강하게 내며, 2미터, 5미터, 7미터 거리로 소리를 뻗어보세요. 이때 소리가 목에서 머물지 않고 얼굴 앞 울림, 가슴 울림을 타고 멀리 나가는 느낌을 살려줍니다.

후~~~ 아~

하~~~ 아~

> **따라 하기 POINT**
> 거리(2미터, 5미터, 7미터)를 단계적으로 넓혀가면 성량, 공명, 방향성을 무리 없이 조절할 수 있습니다. 시선을 실제로 멀리 두고, 손으로 포물선을 그리듯 동작하면 효과가 커집니다. 처음에는 가성으로, 이후에는 진성으로 바꾸어 성대의 열림과 닫힘, 즉 성대 접촉의 감각을 강화해보세요.

거리감과 공간이 채워지는 말하기

① 제시된 상황을 떠올리며 지문을 읽어봅니다.

(가까운 거리에 있는 사람을 부르는 상황, 짧고 부드러운 호흡으로)
저기요.

(먼 거리에 있는 사람을 부르는 상황, 길고 강한 호흡으로)
저~~~기요~~!

(넓은 공간에 소리를 채우는 상황, 넓고 강한 호흡으로)
찹쌀 떠-억!

(건너편 공간에 소리를 전달하는 상황, 앞으로 향하는 강한 호흡으로)
수아야~ 노을자~

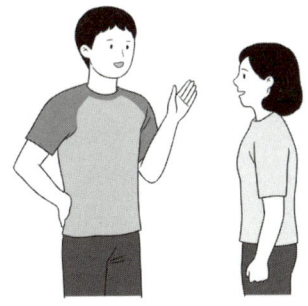
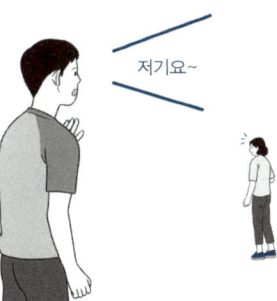

따라 하기 POINT

거리감이 느껴져야 비로소 소리도 자연스럽게 커지고 전달력도 높아집니다. 멀리 있는 상대를 부를 때는 소리를 앞으로 던지는 느낌으로 발음하는 것이 중요합니다. 이때 단순히 목에 힘을 주어 크게 말하는 것이 아니라, 호흡의 길이와 압력을 조절해 소리를 실어 보내는 것이 핵심입니다. 가까운 거리는 짧고 가볍게, 먼 거리는 길고 강하게, 넓은 공간에서는 소리를 둥글게 퍼뜨리는 감각으로 연습해보세요.

스타카토 발성 연습

① 기본 스타카토 연습

제시된 지문을 짧고 강하게 끊어 발성합니다.
이때 복부를 순간적으로 수축하며 소리를 밀어내듯 시도하면 목에 힘을 주지 않고 공기 압력으로 자연스럽게 소리 내는 것을 익힐 수 있습니다.

하! 하! 하! / 호! 호! 호!

② 모음과 스타카토 결합 연습

이번에는 제시된 모음 발음을 짧고 또렷하게 발성해봅시다.
발음의 명확도를 높이기 위해 입 모양을 명확히 하고 입안의 공명을 활용하는 것에 집중합니다.

아! 아! 아! / 에! 에! 에! / 오! 오! 오!

③ 허밍과 스타카토 응용 연습

이번에는 허밍과 연결해 스타카토 발성을 연습해봅시다. 허밍 상태에서 제시된 지문을 스타카토 소리로 끊어 발성해보세요.

음~~ 마! 마! 마!
음~~ 나! 나! 나!
음~~ 자! 자! 자!

강세와 억양 활용 연습

강세 연습

① 다음 문장을 강세를 주는 위치에 따라 다르게 말해보세요.

'**나**는 오늘 학교에 간다.'
→ (주어 '나'를 강조: 다른 사람이 아닌 '내가' 간다는 의미)

'나는 **오늘** 학교에 간다.'
→ (시간 '오늘'을 강조: 다른 날이 아니라 '오늘' 간다는 의미)

'나는 오늘 **학교**에 간다.'
→ (장소 '학교'를 강조: 다른 곳이 아니라 '학교'에 간다는 의미)

'나는 오늘 학교에 **간다**.'
→ (행동 '간다'를 강조: 가는 것이 중요함을 의미)

② 강세를 어디에 두느냐에 따라 전달하는 의미가 달라지는 것을 느껴보세요.

장단음 구별 연습

① 장단음을 구별하며 다음 문장을 읽어보세요.

'눈'이 와서 길이 미끄럽다.
→ (길게 발음: 하늘에서 내리는 것)

'눈'이 예쁜 사람이다.
→ (짧게 발음: 사람의 신체 부위)

'밤'이 깊었다.
→ (길게 발음: 시간)

'밤'을 먹었다.
→ (짧게 발음: 먹는 밤)

> **따라 하기 POINT**
> 한국어에는 같은 발음이지만 길이에 따라 뜻이 달라지는 단어들이 있습니다. 장단음을 고려해 정확하게 발음하는 것이 문맥 이해에 중요합니다.

억양 연습

① 문장 끝으로 갈수록 억양이 내려간다는 느낌으로 다음 문장을 읽어보세요.

정말 좋네요
→ 단순한 감탄

② 문장 끝으로 갈수록 억양이 올라간다는 느낌으로 다음 문장을 읽어보세요.

정말 좋네요?
→ 반문하거나 놀라는 느낌

따라 하기 POINT
문장을 읽을 때는 끝을 올리거나 내리는 억양을 의식해보세요. 강조하고 싶은 단어는 살짝 길게, 또는 잠깐 멈추며 말하면 더 선명하게 들립니다.

7장

"발표할 때 자꾸 염소 소리를 내요"
많은 사람 앞에서 떨지 않고 말하기

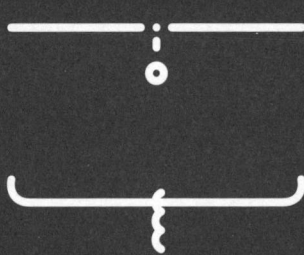

긴장하더라도
떨림 없이 말할 수 있다

누구나 한 번은 많은 사람 앞에서 말해야 하는 때가 있습니다. 대학 조별 발표부터 회사 면접, 중요한 프로젝트 발표까지, 이때 말하기 기술은 필수적인 역량이죠. 하지만 막상 무대에 올라 서면 마음처럼 되지 않아 쉽지 않습니다. 어떤 사람은 물 만난 고기처럼 자유롭게 무대를 누비며 발표를 즐기지만, 어떤 사람은 많은 사람 앞에 섰다는 것만으로 말이 빨라지고 목소리가 떨려 준비한 말을 다 하지 못한 채 내려오기도 합니다. 이 차이는 어디에서 올까요?

불안한 마음이 '발성기관의 긴장'을 만든다

연구에 따르면 미국인의 77퍼센트 이상이 대중 연설을 두려워한다고 합니다. 이는 뱀, 높은 곳, 폐쇄된 공간에 대한 공포보다 더 높은 수치입니다. 이러한 현상을 심리학에서는 글로소포비아(Glossophobia), 즉 공개 발표 불안이라고 부릅니다.

하버드대학교 연구에 따르면, 사람들은 연설할 때 심박수가 급격히 증가하고 손바닥에 땀이 나며 근육이 긴장되는 생리적 반응을 보인다고도 하는데요. 신체가 연설 상황을 일종의 위협으로 인식해 '투쟁-도피 반응(Fight-or-Flight Response)'을 일으키기 때문입니다.

또한 스탠퍼드대학교 연구진은 '내 목소리가 이상하게 들리지는 않을까?', '실수하면 어떡하지?'와 같은 낮은 자기 평가는 대중 연설에 대한 불안을 더욱 키운다고 밝히기도 했습니다.

불안은 신체의 과긴장과 호흡 불안정을 가져옵니다. 긴장으로 인해 어깨와 목, 턱이 굳고, 호흡이 얕아지면 성대가 안정적으로 진동하지 못합니다. 그 결과 목소리가 일정하게 뻗지 못하고 떨리면서, 듣는 사람에게는 힘없고 불안정한 인상—마치 '염소 소리' 같은 떨림—으로 들리게 됩니다.

그렇다면 어떻게 해야 할까요? 많은 사람 앞에 서는 불안과 긴장을 한순간에 없앨 수는 없는데 말입니다.

최대한 발성기관의 긴장을 완화하고 호흡을 안정시키는 것이 우선입니다. 복식호흡을 통해 깊게 숨을 들이마시고 천천히 내쉬며, 몸의 긴장을 의식적으로 풀어주는 것입니다. 특히 어깨, 목, 턱 근육을 이완하는 것이 중요합니다. 물론 현재 순간에 집중하고, 그 순간의 감정, 생각, 신체 감각 등을 판단 없이 인식하는 마음 챙김의 상태인 짧은 명상이나 마인드풀니스도 효과적입니다.

또한 내게 맞는 적절한 말하기 속도를 찾고 이를 익히는 것도 떨림소리를 줄이는 데 도움이 됩니다.

긴장하면 왜 말이 빨라질까

평소보다 긴장하거나 흥분하면 자연스럽게 말이 빨라집니다. 왜 그럴까요? 긴장하면 우리 몸은 위기 상황이라고 인식하고, 이를 대비하기 위해 교감신경이 활성화되기 때문입니다. 교감신경은 몸을 긴장시키고 에너지를 빠르게 쓰도록 만드는 역할을 하는데요. 이때 심장이 빨리 뛰고, 호흡이 가빠지며, 목 근육도 긴장하게 됩니다. 그 결과, 목소리가 떨리거나 말이 빨라지는 현상이 나타나기도 하죠. 심한 경우, 성대가 너무 긴장해서 조이는 목소리가 되거나 염소 울음소리처럼 떨리는 목소리가 나오기도 합니다. 이러한 문제를 해결하려면 반대 작용을 하는 부교감신경을 활성화해야 합니다.

부교감신경이 활성화되면 몸이 이완되고, 심장박동과 호흡이 천천히 안정됩니다. 그러면 목에 힘이 빠지고 후두(목소리를 내는 기관)도 편안하게 자리 잡으면서, 말이 차분해지고 목소리도 더 안정적으로 나옵니다. 말을 하기 전에 천천히 숨을 들이쉬고 내쉬는 연습을 하면 부교감신경이 활성화됩니다.

발성기관의 과긴장을 풀고 여유 있는 발성을 익히는 것이 포인트

이번 훈련의 핵심은 긴장이 되더라도 소리가 떨리지 않도록 하는 것입니다. 목소리 떨림은 심리적 긴장이나 급하게 입으로 숨을 들이쉴 때 성대에 과도한 긴장이 생기면서 발생할 수 있습니다. 이를 해결하기 위해서는 먼저 발성기관을 이완시켜야 합니다. 특히 발성에 시간적 여유를 두는 것이 중요합니다. 준비 없이 급히 소리를 내면 성대에 긴장이 생기기 쉽기 때문에, 여유를 두고 발성해야 안정적인 목소리를 낼 수 있습니다.

목소리 떨림은 개인마다 다르게 나타나며 단순히 복식호흡만으로는 해결되지 않는 경우가 많습니다. 발음을 하는 순간에도 긴장과 불안이 반복되기 때문에, 이 패턴을 끊고 새로운 발성 흐름을 만들어야 합니다.

헛기침을 하며 후두를 낮추는 연습도 도움이 되며 입을 오므리고 천천히 호흡하면서 후두 하강과 차분한 느낌을 찾는 것도 도움이 됩니다.

목소리를 흔들리게 하는, 발성기관 과긴장 풀기

턱, 혀, 목, 어깨 주변 근육이 긴장되면 목소리가 흔들리거나 과도하게 힘이 들어가 불안정하게 들립니다. 또 가슴이 주저앉은 상태에서 발성하거나 숨을 내쉴 때 가슴이 꺼지면 목에 불필요한 힘이 들어가면서 소리가 답답하고 불안정하게 들릴 수 있습니다. 따라서 긴장을 풀기 위해 입술과 혀, 성대뿐 아니라 목과 어깨까지 이완하는 연습을 해야 합니다. 특히 '씹는 동작'을 활용한 연습은 턱·혀·입술을 자연스럽게 이완시키고, 입안 공간을 넓혀 부드럽고 안정적인 발성을 만드는 데 효과적입니다. 이 연습은 뒤에서 해보겠습니다.

목소리 떨림을 줄이는 성량과 발성 속도 찾기

다음 단계는 자신에게 맞는 성량을 찾고, 발성 속도를 조절하며 목소리의 떨림을 줄이는 훈련입니다. 발표 상황에서 목소리 크기를 조절하는 것이 중요하다는 사실은 누구나 알고 있습니다. 목소리가 너무 작으면 자신감이 없어 보이기 때문에 많은 사람들이 평소보다 더 크게 말하려고 합니다. 하지만 익숙하지 않은 크기에서 말하면 오히려 목소리 떨림이 더 두드러질 수 있습니다. 따라서 성량을 객관적으로 조절하는 연습이 필요합니다. 기준 없이 연습하면 습관적으로 작은 목소리에 머물거나, 반대로 불안정하게 큰 소리로 발성하게 되기 쉽습니다. 단계별로 음량을 조절하는 훈련을 통해 자신에게 맞는 편안한 발성 크기를 찾아야 목소리가 흔들리지 않고 또렷하게 전달됩니다.

성량 조절의 핵심은 '턱'

'목소리가 작다'는 고민을 해본 적 있으신가요? 많은 사람들이 성량이 작은 이유를 성대 크기나 복식호흡 부족 때문이라고 생각하지만, 실제로는 입과 턱의 움직임이 제한되어 있기 때문인 경우가 많습니다. 입을 조금만 더 크게 열어도 성량은 자연스럽게 커집니다.

우리는 평소 입을 크게 벌리지 않고 말하는 경우가 많습니다. 이때 혀가 입안 공간을 과도하게 차지하면 소리가 원활히 나오지 못하고 답답하게 들릴 수 있습니다. 하품할 때처럼 턱을 부드럽게 떨어뜨려 입안의 공간을 넓히면 공명이 커지고, 목소리가 더 울림 있게 퍼집니다.

간단한 테스트를 해볼까요? 귀 바로 뒷부분에 손가락 끝을 대고 입을 천천히 벌려보세요. 턱이 움직일 때 손가락이 살짝 밀려나는 느낌이 들텐데, 이 지점이 바로 TMJ(측두하악관절, 턱관절)입니다. 턱이 자연스럽게 움직이지 못하면 발성에도 제한이 생길 수 있습니다.

턱의 긴장을 푸는 가장 좋은 방법은 억지로 입을 벌리려 하지 않는 것입니다. 대신 뭉크의 〈절규〉 그림처럼 양손을 얼굴 옆으로 훑듯이 내리며 턱이 자연스럽게 떨어지게 해보세요. 마치 중력에 의해 저절로 내려가는 것처럼 힘을 빼는 것이 중요합니다. 이때 하품과 한숨을 함께 사용하며 깊고 부드러운 호흡을 해보면 턱 근육이 점점 유연해지고, 발성이 훨씬 자연스러워지는 것을 느낄 수 있습니다.

적절한 속도만 찾아도 떨림이 줄어든다

말하기 속도 또한 목소리 떨림을 줄이는 데 중요한 요소입니다. 적절한 속도는 호흡과 리듬을 안정시키고, 이는 다시 발성을 차분하게 만들어 떨림을 완화합니다.

말하기 속도는 전달력과 설득력에도 큰 영향을 줍니다. 너무 빠르면 청중이 내용을 이해하기 어렵고, 강연자도 중요한 메시지를 충분히 전달하지 못합니다. 또한 긴장하거나 조급해 보이는 인상을 줄 수 있습니다. 반대로 지나치게 느린 속도는 답답한 느낌을 주고 청중의 집중력을 떨어뜨릴 수 있습니다.

일반적으로 안정감 있게 들리는 말하기 속도는 1분에 250~300자 정도라고 알려져 있습니다. 따라서 빠른 속도와 느린 속도를 번갈아 연습해보며 자신에게 맞는 말하기 속도를 찾아야 합니다. 나아가 상황에 따라 언어, 발음의 명확성, 청중의 이해도 등을 고려해 말하기 속도를 달리하는 훈련도 함께 진행해야 합니다.

발성기관 이완하기

목과 어깨 이완

① 어깨를 천천히 들어 올렸다가 힘을 빼면서 툭 떨어뜨립니다.

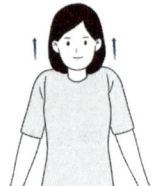 

② 고개를 좌우로 부드럽게 돌려 목의 긴장을 해소합니다.

③ 턱을 가볍게 아래로 내리면서 목 뒤쪽이 이완되는 느낌을 확인합니다.

혀와 턱 이완

① 혀를 입안에서 좌우로 천천히 굴립니다.

 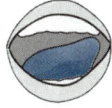

② 입을 살짝 벌린 채 혀끝을 윗니 뒤쪽에 가볍게 대고 휴식을 취합니다.

③ 혀의 긴장을 풀고 '아~' 소리를 내면서 턱이 자연스럽게 열리는 느낌을 확인합니다.

아~

> **따라 하기 POINT**
> 연습할 때는 혀끝과 혀뿌리를 부드럽게 움직이며 긴장을 풀고, '아~' 소리를 낼 때 턱이 자연스럽게 내려가고 열린다는 느낌을 확인하세요. 억지로 크게 벌리기보다, 편안한 범위에서 자연스럽게 열리는 감각을 익히는 것이 중요합니다.

부드럽게 발성하기

① 손을 입 앞에 대고, 마치 언 손을 녹이듯 '하~' 하고 따뜻한 숨을 내뱉습니다.
   숨이 입안에서 가볍게 돌고 있음을 느껴보세요.

② 이번에는 가볍게 한숨을 쉬듯 '후~' 하고 숨을 내뱉습니다.
   몸이 한층 더 이완되는 것을 느껴보세요.

③ 다음 제시한 문장을 읽어보며 발성할 때 목이 조이지 않고 자연스럽게 열리는지
   확인합니다.

따뜻한 차 한 잔이 생각납니다.
따뜻한 바람이 흐르듯, 목소리가 부드럽게 흘러갑니다.

따라 하기 POINT

자연스럽고 안정적인 발성을 위해서는 무엇보다 목, 어깨, 턱, 혀의 긴장을 풀어야 합니다. 숨을 '하~', '후~' 하고 내쉬며 몸의 힘이 빠지는 것을 느끼면, 소리가 억지로 밀려 나오지 않고 부드럽게 흘러갑니다. 이 상태에서 문장을 발성하면 목이 조이지 않고 열린 울림이 만들어집니다.

따라 해볼까요 — **씹는 근육을 활용한 발성 연습**

허밍으로 입안 공간 넓히기

① 양쪽 어금니를 살짝 떨어뜨리고 '음~' 하며 허밍을 해봅니다. 이때 입천장과 비강(코 안쪽 공간)의 울림을 느끼며, 소리가 부드럽게 퍼지는지 확인하세요.

음~~~ (허밍)

② 허밍하면서 입안 공간이 점점 넓어지는 것을 느껴봅니다. 어금니에 힘이 들어가지 않고, 혀와 턱의 긴장이 자연스럽게 풀리는지 확인하세요.

③ 이제 허밍의 감각을 유지하며 짧은 문장을 발성해봅니다. 허밍할 때의 울림과 이완감을 그대로 살려, 문장 전체가 부드럽게 퍼지도록 연습하세요.

턱이 풀리면 소리가 편안해집니다.
턱이 부드러워야 목소리도 부드럽습니다.

따라 하기 POINT

어금니를 꽉 물고 말하는 습관이 있으면 턱과 혀의 긴장이 심해져 발성이 답답하게 들리고 목에 힘이 들어가기 쉽습니다. 억지로 턱을 벌리려 하면 오히려 더 힘이 들어가기 때문에 허밍을 통해 턱을 자연스럽게 이완하는 방법이 효과적입니다. 작은 소리로 울림을 느끼는 것만으로도 턱이 부드럽게 풀리고 입안의 공간이 넓어집니다.

저작기법 활용해 입 주변 근육 이완하기

① 맛있는 음식을 음미하듯이 '음~' 하며 허밍 소리를 내보세요.
좋은 스테이크 고기를 천천히 씹는 느낌을 떠올려보세요.

<u>으음</u>~ <u>으음</u>~ <u>으음</u>~

② 씹는 동작과 함께 '냠~ 냠~ 냠~' 소리를 내봅니다.
이때 턱에 힘이 들어가지 않는지, 허밍이 불안정하지는 않는지 체크하며 연습합니다.

(으음~) 냠~ 냠~ 냠~

> **따라 하기 POINT**
> 허밍을 먼저하고 안정되었을 때 턱을 움직이며 씹는 동작과 함께 소리내는 훈련입니다. 저작기법을 활용하면 턱, 혀, 입술의 긴장이 자연스럽게 풀리면서 발성이 부드러워지고 발음이 명확해집니다. 다만 꿀꺽 삼키는 동작은 목구멍을 닫아 발성에 방해가 될 수 있으므로 주의합니다.
> 만약 허밍 연습 중 씹는 순간 소리가 바뀐다면, 목이나 턱에 힘이 들어가고 있다는 신호일 수 있습니다. 이럴 때는 힘을 빼고, 턱이 자연스럽게 움직이는지 천천히 확인하면서 연습하도록 합니다.

따라 해볼까요 / 원하는 대로 음량 조절하는 연습

① 최대한 작은 소리로 다음 문장을 읽어봅니다.

지금은 모두가 잠든 밤이야.

② 옆 사람만 들리게 말하듯, 조용하지만 또렷한 소리로 다음 문장을 읽어봅니다.

이곳은 조용한 도서관이에요.

③ 앞에 앉은 사람과 대화하듯, 편안한 크기로 다음 문장을 읽어봅니다.

안녕하세요. 오늘 날씨가 참 좋네요.

④ 3~4명 정도 모인 회의실 앞에서 말하듯, 조금 크게 힘주어 다음 문장을 읽어봅니다.

여러분, 잠시 주목해주세요.

⑤ 여러 사람이 모인 곳 강단에 서서 말하듯, 최대한 크고 강한 소리로 다음 문장을 읽어봅니다.

모두 함께 힘을 내어 나아갑시다!

따라 하기 POINT

이 훈련은 자신에게 편안한 음량 범위를 인식하게 도와주고, 상황에 맞게 자연스럽게 목소리 크기를 조절하는 능력을 키우는 데 효과적입니다.
다음에 제시된 표를 참고해 점차 음량을 키워가며 문장을 읽어보세요. 5단계에서는 목소리를 최대한 내되, 목에 힘이 들어가지 않도록 유의합니다.

음량 단계	설명	연습 방법	연습 문장	dB
1단계	아주 작은 속삭임	최대한 작은 소리로 속삭이듯 말하기	지금은 모두가 잠든 밤이야.	30 dB
2단계	낮은 음량	조용하지만 또렷하게 말하기	이곳은 조용한 도서관이에요.	50 dB
3단계	보통 음량	편안한 대화 수준으로 말하기	안녕하세요. 오늘 날씨가 참 좋네요.	60 dB
4단계	큰 음량	힘 있고 명확하게 말하기	여러분, 잠시 주목해주세요!	80 dB
5단계	꽉 찬 목소리	최대한 크고 강하게 말하기	모두 함께 힘을 내어 나아갑시다.	110 dB

성량을 키우는 턱 근육 풀기

턱 이완과 입안 공간 확장 연습

① 먼저 거울 앞에 서서 턱이 긴장되어 있는지 확인합니다.

② 뭉크의 〈절규〉 동작을 하며 턱을 자연스럽게 떨어뜨립니다.

③ 양손으로 턱을 아래로 쓸어내리며 긴장을 풀어줍니다.

④ 하품하듯이 '하아~' 하며 깊고 깊게 호흡합니다. 이때 입안이 넓어지는 것을 느껴 보세요.

⑤ 한숨 소리를 내며 깊고 길게 숨을 내쉽니다. 그러면서 입안 공간을 더욱 개방합니다.

발성 연습하기

① '아' 소리를 내면서 입을 개방합니다. 이때 성량이 자연스럽게 커지는지 확인합니다.

아~~~

② 다음 제시된 발음을 천천히 명확하게 발성합니다. 발성하면서 소리가 입천장과 코 앞쪽에서 울리는지 느껴봅니다.

마~~~
나~~~
다~~~
라~~~

> **따라 하기 POINT**
> 성량을 키운다는 것은 배에 힘을 더 주는 것이 아니라, 소리를 더 넓은 공간에서 울리게 만들어주는 것임을 기억하세요.

따라 해볼까요 — 내게 맞는 말하기 속도 찾기

나의 말하기 속도 체크하기

스톱워치를 준비합니다. 1분 타이머를 설정하고, 말하기 속도 진단을 위해 다음에 제시된 테스트 원고(약 300자)를 평소 말하는 속도로 읽어봅니다.
원고를 몇 자까지 읽었는지 체크합니다.

> 성공적인 발표를 위해 기억해야 할 세 가지 핵심 요소가 있습니다. 첫째, 명확한 발음입니다. 단어를 또렷하게 발음하면 메시지가 더욱 선명하게 전달됩니다. 둘째, 적절한 속도 조절입니다. 발표가 너무 빠르면 내용을 따라가기 어렵습니다. (약 100자)
>
> 반대로 너무 느리면 집중력이 떨어질 수 있습니다. 셋째, 자연스러운 억양과 멈춤입니다. (약 180자) 강조할 부분에서 살짝 멈추거나 톤을 조절하면, 청중의 이해와 몰입을 높일 수 있습니다. 또 발표할 때는 청중과의 시선 교환과 제스처도 중요한 요소입니다. 자연스러운 시선은 신뢰감을 줄 수 있고, 적절한 몸짓은 발표 내용을 더욱 효과적으로 전달하는 데 도움이 됩니다. (약 250자)
>
> 마지막으로 발표 전에는 충분한 연습과 피드백을 받는 것이 중요합니다. 연습을 통해 말하기 습관을 점검하고, 내용을 자연스럽게 소화하면 자신감 있는 스피치를 할 수 있습니다. 꾸준히 연습하세요. 여러분은 좋은 발표자가 될 수 있습니다. (약 350자)

내게 맞는 말하기 속도 찾기

① 이번에는 말하기 속도 조절 연습을 해봅시다. 1분 동안 앞의 테스트 원고 180자를 낭독합니다.

② 1분 동안 원고 250자를 낭독합니다.

③ 1분 동안 원고 350자를 낭독합니다.

④ ①~③번 낭독이 어떻게 달랐는지 떠올리고 가장 안정적으로 낭독했던 속도에 맞춰 다시 원고를 읽어봅니다.

> **따라 하기 POINT**
> 빠르게 말할 때는 문장 끝을 부드럽게 마무리하는 느낌을, 느리게 말할 때는 리듬감을 살린다는 느낌에 집중하여 낭독 연습을 해보세요.
> 듣는 사람의 반응을 살피면서 말하기 속도를 조절하는 연습을 하면 더욱 좋습니다.

 속도에 따라 달라지는 말하기 느낌

● **일반적인 대화 속도** (1분에 약 150~180자)
차분하고 신뢰감을 주는 속도입니다. 하지만 지나치게 느리면 상대방이 답답함을 느낄 수 있으며, 활기가 부족해 지루하게 들릴 수도 있습니다.

● **뉴스 앵커, 프레젠테이션 속도** (1분에 약 250~300자)
안정적이고 설득력 있는 발표 속도로, 중요한 메시지를 명확하게 전달할 수 있습니다.

이 속도는 청중이 내용을 빠르게 이해하면서도 핵심 정보를 놓치지 않도록 돕습니다.

● **빠른 연설** (TED 강연, 강의 등) (1분에 300자 이상)
생동감 있고 에너지가 넘치는 느낌을 줄 수 있으며, 흥미를 유발하는 데 효과적입니다. 하지만 너무 빠르면 청중이 내용을 따라가기 어려워지고, 중요한 메시지가 묻힐 위험이 있습니다. 또한, 연사가 긴장한 상태로 보이거나 급하게 말을 마무리하려는 인상을 줄 수 있습니다.

8장

"여자/남자 같은 목소리를 바꾸고 싶어요"

나의 진짜 목소리를 찾는 법

내가 들어도 낯선
내 목소리

'내 목소리는 여자 같아.' 혹은 '내 목소리는 남자 같아.'라고 고민하는 분들이 있습니다. 일반적으로 남성은 낮고 깊은 목소리를, 여성은 높은 톤의 목소리를 선호합니다.

하지만 그렇다고 억지로 낮은 목소리를 내려고 하면 목에 부담이 가고, 반대로 높은 목소리를 인위적으로 유지하면 발성이 부자연스러워질 수 있습니다. 중요한 것은 억지로 목소리를 바꾸려 하기보다, 자신의 성대 구조에 맞는 자연스러운 목소리를 찾는 것입니다.

실제로, 한 남성은 높은 음높이 때문에 전화 통화에서 여성으로 오해받아 고민했지만, 자신의 목소리를 분석하고 적절한 발성 연습을 통해 보다 안정적인 톤을 찾았습니다. 또 다른 여성은 낮고 굵은 목소리 때문에 위축되었지만, 자신에게 맞는 발성법을 익히면서 자신에게 어울리는 편안한 목소리를 낼 수 있게 되었습니다.

남성적인 목소리 vs. 여성적인 목소리, 차이는 어디에서 올까

목소리는 호르몬과 성대 구조의 영향을 크게 받습니다. 사춘기 동안 남성의 성대는 테스토스테론의 작용으로 길고 두꺼워지며 음높이가 낮아지고, 여성의 성대는 짧고 얇아 상대적으로 높은 톤을 유지하게 됩니다.

하지만 목소리는 단순히 호르몬의 영향만 받는 것이 아닙니다. 발성 습관, 신체적 특성, 환경적 요인도 중요한 역할을 합니다. 예를 들어, 낮은 톤을 지속적으로 사용하면 보다 깊고 무게감 있는 목소리가 형성될 수 있으며, 반대로 높은 톤을 자주 사용하면 밝고 가는 음색을 가지게 됩니다.

즉, 목소리는 성별뿐만 아니라 다양한 요인의 영향을 받으며, 연습을 통해 원하는 톤을 조절할 수도 있습니다. 자신의 목소리를 탐색하고 다듬어가면서, 자신에게 가장 자연스럽고 편안한 소리를 찾아보는 것이 중요합니다.

옵티멈 피치(Optimum Pitch) - 가장 편안한 목소리 톤

사람마다 가장 자연스럽고 편안하게 말할 수 있는 음높이가 있습니다. 이를 옵티멈 피치(Optimum Pitch)라고 합니다. 이 음높이에서 발성하면 성대가 가장 효율적으로 진동해 불필요한 긴장 없이 안정적인 목소리를 낼 수 있습니다. 그러나 많은 사람이 자신의 옵티멈 피치를 인식하지 못하고, 지나치게 높거나 낮게 말하는 경우가 많습니다.

피치(음높이) 측정 앱을 사용하면 자신의 자연스러운 음높이를 수치로 확인할 수 있습니다. Pitched Tuner, Vocal Pitch Monitor, 음성 분석기와 같은 앱을 설치한 후, 허밍이나 '아~' 소리를 내며 음높이를 측정해보세요. 음이 일정하게 유지되는 지점을 기준으로 삼으면 보다 안정적인 발성에 도움이 됩니다.

자신의 음높이와 음색, 발성 습관을 객관적으로 파악하는 것이 중요하니, 필요하다면 전문가의 도움을 받아 보다 정확한 옵티멈 피치를 찾고 체계적으로 발성을 개선해보세요.

 언어가 바뀌면 목소리도 바뀌나요?

한국어를 사용할 때와 영어를 사용할 때, 목소리의 음높이가 달라지는 것을 느낀 적이 있나요? 이는 새로운 언어를 배울 때 흔히 나타나는 현상입니다. 특히 쉐도잉 연습을 할 때, 자신의 본래 음성과 맞지 않는 목소리를 기준으로 삼으면 더욱 두드러집니다.

물론 언어적 특성의 차이도 있겠지만, 그 언어를 사용할 때의 심리적 태도나 문화적 기대감도 영향을 줍니다.

중요한 것은 자신의 목소리를 기반으로, 해당 언어에 맞는 자연스러운 발성법을 익히는 것입니다. 그래야 말하는 사람도 편안함을 느낄 수 있고, 듣는 사람도 안정감을 얻을 수 있습니다.

 녹음한 목소리를 들어본 적 있나요?

말할 때는 괜찮은데, 녹음된 목소리를 들으면 너무 어색하고 낯설게 느껴진 적 있으신가요? "이게 진짜 내 목소리가 맞나?" 하고 당황하기도 하고요. 어떤 분들은 전화 통화에서 아이로 오해받거나, 중요한 자리에서 신뢰감을 주지 못할까 봐 고민하기도 합니다.

녹음된 목소리를 들었을 때 어색하거나, 자신이 생각했던 것과 다르게 들리는 건 지극히 자연스러운 현상입니다. 우리는 평소에 자신의 목소리를 두 가지 경로로 듣습니다. 하나는 공기를 통해 전달되는 기도전도(Air Conduction), 또 하나는 머리뼈를 통해 전달되는 골도전도(Bone Conduction)입니다. 말을 할 때 우리는 골도전도를 통해 낮고 깊이 있는 소리를 더 많이 듣게 되는데, 녹음된 목소리는 기도전도로만 전달된 소리이기 때문에 생각보다 가볍고 낯설게 느껴지는 것이죠.

녹음한 목소리를 들어보면서 자신의 톤, 음색, 발음 습관을 분석해보는 건 사실 자신의 목소리를 객관적으로 파악할 수 있는 방법입니다. 목소리는 인상에 영향을 주는 요소이니, 객관적으로 탐색하고 원하는 방향으로 다듬어가는 것이 좋죠.

내게 맞는 음높이를
찾는 것이 포인트

이번 훈련의 포인트는 내게 맞는 음높이(발성하기 편한 음역대)를 찾아 그 범위에서 지속적으로 발성할 수 있도록 하는 것입니다.

옵티멈 피치 찾기

그렇다면 어떻게 옵티멈 피치를 찾을 수 있을까요? 먼저 목을 충분히 이완하는 것이 중요합니다. 하품을 하거나 한숨을 끝까지 내쉬어 보면 목이 열리는 느낌을 받을 수 있는데, 이 상태에서 음을 달리해 발성하며 자신에게 맞는 자연스러운 음높이를 찾아봅니다.

C-Spot 발성 연습으로 내게 편안한 음역대 찾기

옵티멈 피치를 찾으려면 후두가 안정된 위치에서 발성이 이루어져야 합니다. 이를 위해 'C-SPOT 기법'을 활용해볼 수 있습니다. C-SPOT은 목에 불필요한 힘을 주지 않으면서도 풍부한 울림을 만들어내는 발성 훈련법입니다. 명치 아래 지점을 가볍게 눌러 복부의 긴장을 풀고, 자연스럽게 공기를 위로 배출하게 하여 후두의 위치를 안정시키고 편안한 음역대를 찾을 수 있도록 돕습니다.

이때 '하~' 하고 소리를 내면 손의 움직임에 따라 호기가 자연스럽게 빠져나가면서 소리가 증폭되고, 횡격막과 흉곽이 활성화됩니다. 그 결과 성대에 무리를 주지 않고도 안정적이고 공명감 있게 발성할 수 있습니다.

사이렌 발성으로 성대 조절 익히기

옵티멈 피치가 제대로 찾아졌는지 확인하는 또 다른 방법은 '사이렌 발성(허밍) 연습'입니다. 사이렌 발성은 사이렌 소리처럼 음을 올리고 내리며 허밍 소리를 내는 방식으로 진행됩니다.

이 연습을 통해 우리는 자연스럽게 성대 조절을 익히게 됩니다. 성대는 고음으로 갈수록 길어지고 얇아지면서 소리를 내는데, 사이렌 발성은 이러한 성대 조절 능력을 키워줍니다. 그 결과 고음을 보다 부드럽고 안정적으로 낼 수 있게 됩니다.

내 존재 가치를 확인하는 문장 읽기

자신의 목소리가 너무 여성스럽거나 혹은 지나치게 남성스럽다고 고민하는 분들에게는 특별히 '나'를 중심으로 한 문장 읽기 훈련을 권합니다.
 이 훈련은 목소리를 통해 스스로의 존재와 가치를 확인하는 과정입니다. 사람은 누구나 '나'라는 말을 할 때 가장 자연스럽고 나다운 목소리가 나옵니다. 자신의 존재를 인정하고 감정을 진솔하게 담아낼 때 목소리는 더욱 선명하고 힘을 얻게 됩니다. 지금 그 연습을 함께 해보겠습니다.

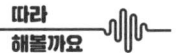 **옵티멈 피치 찾기**

준비물 : 스마트폰의 피아노앱이나 튜너앱

① 피아노 앱이나 튜너 앱을 통해 주파수나 음정을 조정하고, 그에 맞춰 음을 달리하며 허밍해봅니다. 입술과 코 주변이 가볍게 진동하는 것을 느껴보세요.
그러면서 진동이 편안하게 느껴지는 음을 찾아봅니다.

② 피아노 앱이나 튜너 앱을 통해 주파수나 음정을 조정하고, 그에 맞춰 음을 달리하며, 한숨 쉬듯 '하~' 소리 내봅니다. 가장 편안하게 '하~' 소리가 나오는 음을 기억하세요.

③ 피아노 앱이나 튜너 앱을 통해 주파수나 음정을 조정하고, 그에 맞춰 음을 달리하며 다음에 제시된 모음을 소리 내보세요. 가장 편안하게 나오는 음을 기억하세요.

아 에 이 오 우

④ 다음에 제시된 문장을 편안하게 읽어보고, 문장의 평균 음정이 앞 연습에서 자신이 기억하였던 편안한 음정과 일치하는지 확인하세요

(일상 언어) 안녕하세요.
(거리감이 좁은 일상 언어) 여보세요.
(공적인 일상 언어) 지금부터 발표를 시작하겠습니다.
(비일상 언어) 시청자 여러분, 안녕하십니까?

 **C-SPOT 기법**

① 어깨의 긴장을 풀고 바른 자세로 서거나 앉습니다. 몸의 긴장을 최대한 이완한 상태로 연습을 시작합니다. 손가락 끝으로 갈비뼈가 만나는 명치 부분을 가볍게 반복적으로 눌러보세요. 너무 강한 압력이 아닌 손가락으로 살짝 지속적인 압력을 주면서 몸의 중심을 인식하는 것이 중요합니다.

② 이제 '아~' 하고 길게 소리를 내봅니다. 음높이를 달리하면서 반복합니다.

③ 눌렀던 명치 부분을 의식하며, 소리낼 때 호기가 원활하게 배출되고 자연스럽게 증폭되는 것을 느껴봅니다.

④ 목에 힘이 들어가지 않고 가슴이나 얼굴 부위에 공명이 느껴지는 톤이 어디였는지 찾아봅니다.

> **따라 하기 POINT**
> 목에 힘이 들어가지 않고, 가슴이나 얼굴 부위에서 공명이 느껴지는 톤이 옵티멈 피치에 가깝습니다. 이 음이 바로 자신의 키톤(Key Tone), 즉 가장 자연스럽고 유지하기 쉬운 음역대입니다.

 **사이렌 허밍과 활창 연습**

① '우~' 혹은 '오~' 같은 순모음을 사용하여, 낮은 음에서 높은 음으로 끌어올렸다가 다시 낮추는 연습을 합니다. 이때 실제 사이렌 소리가 점점 높아졌다가 내려오는 것을 상상하면서 목에 힘이 들어가지 않는 범위에서 소리를 변화시켜 보세요.

② 사이렌처럼 오르내리는 소리를 반복해 내면서 목에 가장 부담이 적고 편안하게 지속해 소리낼 수 있는 음역이 어디인지 찾아봅니다.

> **따라 하기 POINT**
> 사이렌 허밍은 음을 억지로 높이거나 낮추는 것이 아니라, 소리가 기류를 타고 자연스럽게 흐르도록 하는 것이 핵심입니다. 이를 위해 입을 과도하게 닫지 않고 적절한 개방감을 유지하세요.
> '앵~' 같은 발음은 고음에서 과긴장을 유발하기 쉽기 때문에 '우~' '오~'처럼 입술을 활용하는 순모음 계열이 더 적합합니다. 실제 구급차나 경보 사이렌 소리를 떠올리며 발성하면, 힘을 주지 않고도 음의 높낮이를 자연스럽게 연결할 수 있습니다.

'나'를 중심으로 한 문장 읽기

목소리를 통해 스스로의 존재와 가치를 확인하는 연습을 할 것입니다. '나'라는 말을 할 때 가장 자연스럽고 나다운 목소리가 나옵니다. 내 존재를 인정하고, 감정을 진솔하게 담아낼 때 목소리는 더욱 선명해집니다.

다음에 나오는 '나'를 중심으로 한 문장을 읽으며, 내 목소리에 귀 기울여보세요. 무심히 문장을 따라 읽는 것이 아니라, 그 의미를 온전히 받아들이며 나의 것으로 만드는 것이 중요합니다. 목소리의 울림과 감정을 느껴보며, 진정으로 나 자신을 표현해 보세요.

> 나는 누구에게도 나의 가치를 증명할 필요가 없다. 나는 존재 자체로 소중하며, 있는 그대로의 나를 사랑하기로 결정했다. 내 목소리는 나의 진실을 담고 있으며, 나는 나 자신을 표현하는 것을 두려워하지 않는다. 나는 내 목소리가 중요하다는 것을 안다. 나는 내 의견을 말할 권리가 있으며, 내 감정을 표현할 가치가 있다. 세상이 어떻게 반응하든 나는 나 자신을 지킬 것이다. 왜냐하면 나의 생각과 감정은 내가 살아 있음을 증명하는 것이기 때문이다.

9장

"면접/미팅/협상을 앞두고 있어요"
자신감 있고 스마트한 인상을 주는 목소리 만들기

중요한 순간,
내 말이 설득력을 가지려면
무엇보다 목소리부터 안정적으로

면접이나 미팅, 영업, 협상 같은 자리에서 목소리가 떨리거나 점점 작아지는 경험을 해보신 적 있으신가요? 준비는 완벽했는데, 막상 첫마디에서 목소리가 흔들리면 자신감과 신뢰감이 동시에 무너집니다. 상대방을 설득해야 하는데 오히려 '불안하다', '자신 없어 보인다'는 인상을 주고 마는 것이지요. 차분하지만 힘 있게 말해야 하는 순간일수록 목소리의 안정감은 곧 설득력과 직결됩니다.

또 예기치 못한 질문이나 예상치 못한 반응에 당황했을 때, 평소에는 차분히 하던 발성이 흐트러지고 말이 꼬이기도 합니다. 그럴수록 내 말은 가볍게 들리고, 상대의 마음을 움직일 기회도 놓치게 됩니다.

목소리로 신뢰와 자신감을 전하라

목소리에는 그 사람의 태도와 인상이 고스란히 담겨 있습니다. 자세가 흐트러지거나 긴장이 쌓이면 호흡이 얕아지고 성대는 쉽게 피로해져, 말이 끝까지 힘 있게 이어지지 않습니다. 그 결과 설득력도 떨어집니다. 하지만 반대로, 발성과 목소리를 안정적으로 만드는 것만으로도 불안을 줄이고 자신감을 회복할 수 있습니다. 안정적인 목소리는 곧 상대방에게 신뢰감을 주고, 내 말에 무게를 더해줍니다.

차분한 호흡, 균형 잡힌 자세, 꾸준한 발성 훈련은 목소리를 바꾸고, 목소리는 곧 태도와 인상을 바꿉니다. 언제 어디서 누구를 만나든 흔들림 없이, 신뢰감 있고 자신감 넘치는 목소리로 설득을 시작할 수 있습니다. 이번 장에서는 바로 그 힘을 길러내는 훈련을 함께해보겠습니다.

편안하고 힘 있는 발성을 체화하는 것이 포인트

이번 훈련의 포인트는 두 가지입니다. 어떤 상황에서도 편안하고 안정적으로 발성할 수 있게 만드는 것, 힘 있는 목소리를 만드는 것입니다.

발성기관 이완으로 안정적인 발성 만들기

몸과 마음이 이완될수록 목소리도 부드러워집니다. 턱과 입, 입술, 후두 등을 이완하며 훈련을 시작하겠습니다.

특히 목소리의 안정성을 좌우하는 후두는 턱, 목, 가슴 근육과 연결되어 있어 외부 근육의 영향을 크게 받는데요. 어깨가 올라가면 목 주변 근육이 긴장하면서 후두도 함께 올라갑니다. 반대로, 머리가 앞으로 쏠리면 목 앞쪽 근육이 당겨지면서 후두의 움직임이 제한됩니다. 한 작은 변화들이 후두의 위치를 바꾸고, 목소리에 크게 영향을 준다는 것을 기억하며 훈련을 진행해봅시다. 후두의 위치를 정확히 이해하고 조절하면 목소리가 더 편안하고 안정감 있게 울릴 수 있습니다.

안정적인 호흡으로 균형 있는 발성 만들기

안정적인 호흡을 위한 훈련으로 '4-7-8 호흡법'을 제안합니다. 이 훈련법은 미국 통합 의학 전문의인 앤드루 와일(Andrew Weil) 박사가 고대 요가의 프라나야마(Pranayama) 호흡법을 현대적으로 응용한 방법입니다. 이 호흡법은 부교감신경을 활성화해 몸과 마음의 긴장을 풀어주고, 심박수를 안정시키는 효과가 있습니다. 호흡의 불균형을 바로잡고, 깊고 일정한 호흡을 유지하도록 돕습니다. 이 연습을 통해 자연스럽게 횡격막을 활용하는 법과 복식호흡으로의 연결을 익혀보겠습니다.

또한, 4-7-8 호흡법은 발성 시 불필요한 힘을 줄이는 데에도 효과적입니다. 긴장된 상태에서 말을 하면 목과 어깨, 턱에 과도한 힘이 들어가면서 목소리가 경직될 수 있는데요. 특히, 4-7-8 호흡법 중 '8초 동안 천천히 숨을 내쉬는 과정'은 긴 문장을 부드럽고 안정적으로 발성하는 데 도움을 줍니다. 참고로 이 호흡법은 중요한 말하기나 노래 전에

4-7-8 호흡법을 3~4회 반복하면 긴장 완화와 발성 지속력에 도움이 됩니다.

이에 더해 '티슈 불기 연습'도 추천합니다. 기류를 빠르게 배출하며, 호흡이 입 밖으로 제대로 나가는지를 시각적으로 확인할 수 있는 효과적인 방법입니다. 숨을 내쉬며 '쉬~' 소리를 낸다 해도 실제로는 호흡이 충분히 배출되지 않는 경우가 있습니다. 이 연습은 그런 경우에 특히 유용하며, 발성 시 호흡 조절 능력과 안정적인 기초 호흡 패턴을 익히는 데도 효과적입니다.

성대를 조절하며 목소리에 힘 더하기

성대 접촉, 또는 성문 압력을 적절히 활용하면 목소리에 힘이 실리면서도 부드럽게 발성할 수 있습니다. 이번 장에서는 성문 압력을 적절히 활용하는 연습을 해보겠습니다.

우선 성대의 긴장과 접촉을 조절하는 연습을 해보겠습니다. 성대가 팽팽하면 효율적인 발성이 가능하지만, 지나치게 느슨하면 소리가 흐트러집니다. '힛-' 소리를 내보며 적절한 성대 긴장 상태를 조절해보겠습니다.

그다음은 성문 폐쇄(성대 접촉)를 인지하고, 공기 흐름을 조절하며 자연스럽게 모음과 문장을 연결하는 방법을 익히는 연습을 진행해보겠습니다.

발성기관 이완 연습

① 어깨와 목의 긴장을 풀어봅시다. 거울을 보면서 어깨가 올라가 있거나 머리가 앞으로 쏠려 있는지 체크하세요 어깨에 힘을 빼고, 목이 자연스럽게 길어지는 느낌을 유지하세요.

② 입과 입술을 이완해봅시다. 입을 다문 상태에서 볼을 부풀려 공기를 머금었다가, 천천히 입술을 통해 공기를 조금씩 내쉽니다. 입술 사이로 공기가 일정하게 나가는지 확인하세요.

③ 이번에는 턱과 후두를 이완해봅시다.
턱을 충분히 떨어뜨리며 '하아~' 크게 하품해보세요. 이때, 목과 어깨의 힘을 빼고 후두가 자연스럽게 내려가며 목이 열리는 느낌을 느껴보세요.
깊은 호흡과 함께 하품을 반복하며, 후두 주변 근육이 이완되는 것을 느껴보세요.

④ 이번에는 손을 입 앞에 대고, 언 손을 녹이듯 '허~' 하고 부드럽게 숨을 내뱉으며 소리를 냅니다. 이 과정에서 후두가 자연스럽게 내려가는 느낌을 느껴보세요.

호흡 안정화 및 조절 연습

4-7-8 호흡법

① 4초 동안 코로 숨을 들이마십니다.

② 7초 동안 숨을 참습니다.

③ 8초 동안 입으로 천천히 숨을 내쉽니다.

④ 이 과정을 4회 반복합니다.

> **따라 하기 POINT**
> 4-7-8 호흡법은 하루 두 번(아침, 저녁) 4회 반복 연습을 추천합니다(익숙해지면 하루 2~3회, 최대 8회까지 반복해도 좋습니다). 처음에는 어지러움을 느낄 수 있으므로 편안한 상태에서 연습하고, 과호흡을 방지하기 위해 무리하지 않도록 합니다.

4-7-8 호흡을 활용한 발성 연습

① 4초 동안 코로 숨을 들이마십니다.

② 7초 동안 숨을 멈추어 몸 안에 공기를 고르게 머금습니다. 이때는 발성을 하지 않고, 편안히 호흡이 머물러 있는 상태를 유지합니다.

③ 이어서 8초 동안 '음~', '아~', '오~' 같은 소리를 일정한 강도로 내면서 천천히 숨을 내쉽니다. 발성할 때는 소리를 억지로 크게 내지 말고, 숨이 길게 이어지는 데 집중하세요.

음~~~
아~~~
오~~~

따라 하기 POINT

이 훈련은 호흡과 발성을 자연스럽게 연결해줍니다. 7초간 숨을 머금으며 호흡의 안정감을 만들고, 8초간 내쉬는 동안 소리를 일정하게 유지하는 법을 익힙니다. 목에 힘이 들어가지 않도록 주의하세요.

티슈 불기 연습

① 입 가까이에 가볍게 티슈를 들고 '후~' 소리와 함께 바람을 불어 티슈가 흔들리도록 합니다.

② '후, 후, 후, 후, 후-' 5번 연속으로 숨을 뱉어줍니다. 이때 복부에는 가벼운 긴장이 느껴지도록 합니다.

③ /ㅍ/ 소리는 무성음으로 공기의 흐름을 파악하는 데 도움이 됩니다. 다음 제시어를 소리 내며 티슈가 흔들릴 정도로 짧게 바람을 내보내세요.

파, 파, 파, 파, 파-
페, 페, 페, 페, 페-
피, 피, 피, 피, 피-
포, 포, 포, 포, 포-
푸, 푸, 푸, 푸, 푸-
쉬, 쉬, 쉬, 쉬, 쉬-
취, 취, 취, 취, 취-

> **따라 하기 POINT**
> 목의 긴장을 최소화하고 자연스러운 기류 흐름을 유지하도록 하세요. 티슈를 조금씩 멀리 두면서 거리감을 달리해 연습하면 더 좋습니다.

성대 조절 연습

'힛' 연습

① 가벼운 미소를 지으며 '힛-' 소리를 냅니다. '힛-' 하는 순간 성대가 자연스럽게 닫히는 감각을 느껴보세요.

② 이번에는 실제로 소리를 내지 않고 머릿속으로 '힛-'을 상상하며 성대를 닫는 연습을 해보세요.

> **따라 하기 POINT**
> 얼굴 표정을 부드럽게 하고 목에 힘이 과하게 들어가지 않도록 합니다. '힛-' 소리를 낼 때 복부에 힘이 빠진다면 명치 부분에 손을 대고, 손을 가볍게 저항하며 민다는 느낌으로 시도해보세요.

성문 압력 활용하기

① 성문 압력을 느껴봅시다. 다시 제시된 마찰음을 짧게 소리 내며 성문 폐쇄(성대 닫힘)을 느껴보세요.

힛~

헷~

핫~

홋~

훗~

② 이번에는 성문 압력을 활용하며 발음하는 것을 연습해봅시다.

성대 닫힘을 느끼며 '힛, 헷, 핫, 홋, 훗~' 소리 내다가 '이, 에, 아, 오, 우~' 모음으로 자연스럽게 연결해 발음합니다.

힛~ 이~

헷~ 에~

핫~ 아~

홋~ 오~

훗~ 우~

③ 이번에는 성문 압력을 활용하며 문장을 읽고 실전 발성 연습을 해봅시다.

힛~ 이~ 미안합니다.

헷~ 에~ 에너지가 넘쳐요.

핫~ 아~ 안녕하세요.

훗~ 오~ 오늘 만나요.

훗~ 우~ 우리 함께 해요.

> **따라 하기 POINT**
> 성대를 닫고 난 후, 다시 성대를 진동시켜 부드럽게 발성하는 것이 포인트입니다. 처음 연습할 때는 천천히 그리고 약하게 시작하고, 점차 익숙해지면 자연스러운 속도로 좀 더 힘을 실어가며 연습하세요.

10장

"나긋나긋한 목소리에서 리더의 목소리로"

절제된 힘과 품격이 담긴 목소리 만들기

따르고 싶게 하는
리더의 목소리

발표 자리에서든, 중요한 회의에서든, 혹은 조직을 이끌어야 하는 순간이든, 리더다운 목소리를 내기 위해서는 단순히 목소리를 크게 내거나 발음을 또렷하게 하는 것만으로는 부족합니다. 위엄이 담긴 목소리는 깊은 공명, 올바른 자세, 절제된 제스처와 시선이 어우러질 때 비로소 만들어집니다.

특히 공명감 있는 목소리는 단순히 잘 들리는 소리를 넘어서, 말 한마디에도 무게감을 실어 주변을 장악하는 힘을 발휘합니다. 실제로 2013년 미국 듀크대학교 연구에서는 CEO의 목소리와 기업 가치 평가 사이에 유의미한 상관관계가 확인되었습니다. 공명이 풍부한 목소리를 가진 CEO일수록 리더십과 카리스마가 높게 평가되었고, 이들이 이끄는 기업은 더 높은 가치를 인정받았습니다. 심지어 이들의 개인 연봉 또한 높게 책정되는 경향이 있었지요. 이는 목소리의 울림이 단순히 듣기 좋은 소리를 넘어, 리더십과 성과 평가에까지 영향을 미친다는 것을 보여줍니다.

자세 역시 목소리의 카리스마를 결정짓는 중요한 요소입니다. 구부정한 자세는 자신감 없는 인상을 줄 뿐 아니라, 목소리에도 힘을 빼앗아갑니다. 반대로 몸을 곧게 세우고 단단하게 서 있는 자세는 성대와 호흡을 안정시켜, 절제된 힘이 담긴 목소리를 내게 합니다. 드라마 속 장면을 떠올려보세요. 다소 과장된 연출처럼 보일 수도 있지만, 실제로 누워서 전화를 받을 때와 서서 받을 때, 혹은 고개를 뒤로 젖힌 채 말할 때와 살짝 숙이며 말할 때의 목소리는 확연히 다릅니다. 비록 상대방이 보지 못하더라도, 목소리를 통해 태도와 힘이 느껴지는 것이죠.

사람들의 마음을 움직이고 상황을 주도하는 무기로서의 목소리, 이번 장에서 한번 알아보겠습니다.

좋은 공명을 만드는 것이 포인트

별다른 말을 하지 않아도 상대가 확신을 가지고 듣게 되는 힘 있고 카리스마 있는 목소리에는 공통적인 특징이 있습니다. 바로 '공명'입니다. 목소리에 울림이 더해지면 소리는 단단해지고, 자연스럽게 무게감과 신뢰감을 얻게 됩니다. 따라서 이번 훈련은 내 목소리에 울림을 더해주는 좋은 공명을 만드는 것을 중심으로 진행합니다.

여기에 제스처를 더해, 목소리만으로는 충분히 전달하기 어려운 느낌과 메시지를 더욱 강력하게 표현하는 훈련을 함께 해보겠습니다.

다양한 공명 만들기

울림 있는 목소리를 만들기 위해서는 입안의 공간을 충분히 활용하는 것이 중요합니다. 이번 훈련에서는 입안 공간을 열어 좋은 공명을 만드는 방법을 연습합니다.

예를 들어 '응(NG)' 소리처럼 자연스럽게 울리는 발음을 활용하면, 비강과 입천장이 함께 공명하는 느낌을 쉽게 찾을 수 있습니다. 이러한 울림을 반복적으로 체득하면 목소리에 깊이와 힘이 더해집니다.

안정적인 공명 유지를 위한 중저음 발성하기

목소리를 안정적으로 들리게 하려면 지나치게 높은 톤을 피하고, 편안한 저음에서 발성하는 것이 좋습니다. 가슴에 손을 대고 소리를 내보면서 가슴에서 울림이 느껴지는 중저음을 연습해보세요. 부드럽고 안정적인 중저음 발성은 듣는 이에게 신뢰감을 주고, 카리스마 있는 인상을 전달하는 데 큰 도움이 됩니다.

제스처 활용하기

말할 때 제스처를 함께 사용하면, 목소리만으로는 전달하기 어려운 느낌과 메시지를 더욱 강력하게 표현할 수 있습니다. 단순히 손을 움직이는 것이 아니라, 몸 전체로 말한다는 느낌을 가지는 것이 핵심입니다.

예를 들어 '크다'라는 개념을 말할 때 팔을 크게 벌리면, 단순히 말로 표현하는 것보다 훨씬 직관적으로 메시지가 전달됩니다. 반대로 '작다'를 표현할 때는 손동작을 작게 하면 의미가 더 선명해지죠.

슬픈 이야기를 전할 때는 가슴에 손을 올리고 말하면 감정이 더 깊이 전달되고, 강한 메시지를 전할 때는 주먹을 살짝 쥐어 힘을 실으면 단호함이 배가됩니다. 반대로 부드러운 메시지를 전달할 때는 친근한 악수를 하듯 손을 내밀며 말하면, 듣는 이와의 연결이 자연스럽게 강화됩니다.

그럼 이제, 목소리에 리듬과 강약을 실어 메시지를 선명하게 만들고, 제스처를 활용해 말의 설득력을 높이는 방법을 함께 훈련해보겠습니다.

 **공명 만들기 연습**

다양한 공명감 느끼기

① 낮은 음에서 높은 음으로 천천히 음을 올리며 '아~' 하고 소리 내봅니다. 이때 한 손은 가슴(흉곽)에, 다른 손은 코 옆이나 빰에 가볍게 올려두세요.

② 가슴 쪽이 미세하게 진동하거나, 얼굴 쪽에서 울림을 느껴봅니다.
만약 잘 느껴지지 않는다면 짧은 허밍 연습을 먼저 시도해보세요. 짧은 허밍은 흉성 공명을 깨우는 데 도움이 됩니다.

③ 낮은 음에서 높은 음으로 천천히 음을 올리며, 다음 제시된 문장을 읽어봅니다.
'우', '오', '아' 모음이 균형 있게 들어 있어 흉성·구강 공명을 느끼기에 적합한 문장입니다. 문장을 읽는 동안 가슴이나 얼굴 주변에 손을 대고 소리가 몸 안에서 퍼져 나가는 울림을 확인해보세요.

> 아름다운 하루가 오늘도 찾아옵니다.
> 우리 모두 소중한 사람입니다.

따라 하기 POINT
말할 때 윗니가 자주 보이거나 입술 끝에 힘이 들어가면 좋은 공명을 만들기 어렵습니다. 이는 입술이 중요한 공명강 역할을 하기 때문입니다. 입술에 힘을 주면 공기가 입 끝으로 빠져나가기 쉬워지고, 소리가 자연스럽게 울리지 못합니다. 따라서 입을 적당히 크게 벌리고, 소리가 입안에서 자유롭게 울릴 수 있도록 발음해야 합니다.

'딩 딩 딩' 연습

① '응~' 소리를 내면서 비강과 입천장이 공명하는 느낌을 찾습니다. 소리가 막히지 않고 자연스럽게 울리도록 연습합니다.

② 종을 치는 듯한 느낌으로 제시어를 말해봅니다.

딩딩딩~
뎅뎅뎅~
당당당~

③ 발성의 포커스를 뒤쪽으로 보낸다는 느낌으로 다음 제시어를 말해봅시다. 평소보다 깊고 풍부한 울림이 더해지는지 느껴보세요.

종을 치면 '뎅~' 하고 여운이 남듯 소리를 낼 때도 단순히 끊어 말하는 것이 아니라 입안과 비강에 울림이 퍼져 잔향이 남는 느낌으로 진행하세요. 소리가 짧더라도 맑고 단단하게 울려 퍼져야 합니다.

'딩딩딩, 뎅뎅뎅' 종소리가 멀리 퍼져 나갑니다.
당당한 목소리로 새로운 시작을 알립니다.
'딩딩딩~ 뎅뎅뎅~ 당당당~' 울림이 점점 깊어집니다.

따라 하기 POINT

발성의 포커스를 뒤쪽으로 보낸다는 느낌으로 연습할 때, 지나치게 뒤로 향하면 '동굴 목소리'가 형성될 수 있습니다. 많은 사람이 이 깊고 풍부한 소리를 선호하지만, 과하면 목소리가 지나치게 묵직하거나 경직된 느낌을 줄 수 있습니다. 동굴 소리를 자연스럽게 활용하려면, 울림 공간을 확보하면서도 목의 긴장을 풀고 이완된 상태에서 발음하는 것이 핵심입니다.

> **따라 해볼까요** 　**자연스러운 울림을 찾는 중저음 발성 연습**

중저음에서의 발음 연습

① 중저음으로 다음 제시어를 말해보세요. 이때 흐느끼듯 살짝 우는 소리를 더해봅니다.
후두가 아래로 내려가면서 울림이 넓어지고, 성대가 안정적으로 맞닿는 느낌을 확인하세요.

멈, 멈, 멈

② 이번에는 5회 이상 반복하면서 같은 톤과 울림을 유지해봅시다.
단순히 소리를 내기보다 편안하게 하소연하듯 말하는 느낌을 주면 더 효과적입니다.

멈~ 멈~ 멈~ 멈~ 멈~

따라 하기 POINT
흐느끼듯 살짝 우는 톤은 후두를 억지로 내리려 하지 않아도 자연스럽게 내려가게 합니다.
목 안쪽이 편안하게 열리면서 울림이 구강과 인두 쪽에 고르게 퍼지는 것을 느껴보세요.
이 감각이 성대 접촉을 안정시키고, 작지만 힘 있는 소리를 내는 데 도움이 됩니다.

성대 이완과 후두 낮추기

① 소가 '음메~' 하고 우는 듯한 느낌으로 '음~' 발성한 뒤 다음 제시어를 말해보세요.

> 음~ 그렇구나~
> 음~ 알겠어~
> 음~ 그래~

② 양반들이 목을 가다듬듯 가볍게 기침하여 '에헴-' 소리 낸 뒤 다음 제시어를 말해보세요.

> 에헴- 여봐라~
> 에헴- 누구 없느냐~

③ 다음 지문은 중저음 스피치의 대표자인 정형석 성우의 TV프로그램 〈나는 자연인이다〉 내레이션 중 일부입니다. 〈나는 자연인이다〉 내레이션의 특유의 안정되고 울림 있는 톤을 떠올리면서 읽어보세요.

> 해발 500미터 첩첩산중 그 안에 자연인의 보금자리가 숨겨져 있습니다. 4년 전 다 쓰러져 가는 폐가를 빌려서 산에 들어왔다는 자연인, 아직 뭐 손볼 곳이 많지만 하나씩 가꾸어가고 있는 소중한 보금자리라고 합니다.

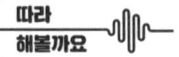 　　　　　　　　　　　　　　　　　　　　**제스처 더하기**

공간과 거리감을 활용하는 제스처

손과 팔의 움직임을 통해 청중과의 거리를 조절할 수 있습니다. 예를 들어, 양손을 벌려 보이는 개방적인 손짓은 친근함과 신뢰를 주고, 손을 몸 가까이 모으거나 주먹을 쥐는 동작 같은 닫힌 손짓은 신중함이나 단호함을 강조할 수 있습니다.

또한, 거리감을 시각적으로 표현하는 제스처도 효과적입니다. '멀다'를 표현할 때는 팔을 길게 뻗거나 손을 밀어내는 동작을, '가까움'을 강조할 때는 손을 모아 앞쪽으로 가져오는 동작을 활용하면 청중이 보다 직관적으로 이해할 수 있습니다.

리듬과 타이밍을 조절하는 제스처

제스처는 말의 흐름과 자연스럽게 조화를 이루어야 합니다. 중요한 단어를 강조할 때는 손을 잠시 멈추었다가 제스처를 넣어 강조하는 것이 효과적입니다. 감정을 강조하고 싶다면, 속도를 조절하면서 천천히 움직이는 제스처를 사용하면 감정이 더욱 깊이 전달됩니다.

강한 주장이나 결론을 말할 때는 제스처를 빠르게 사용하고, 감동적인 순간을 표현할 때는 천천히 사용하는 것이 효과적이죠. 이렇게 말과 몸짓이 조화를 이루면 목소리에도 자연스럽게 리듬과 강약이 생기고 메시지가 더욱 명확하게 전달됩니다.

감정과 의미를 극대화하는 제스처

제스처는 감정을 전달하는 강력한 도구입니다. 설득력이 필요한 상황에서는 손바닥을 보이며 열정을 표현하고, 사과나 공감을 표현할 때는 손을 가슴에 얹어 진정성을 강조할 수 있습니다. 또한, 손뿐만 아니라 몸 전체의 움직임도 제스처의 일부가 될 수 있습니다.

긴장감이나 조심스러움을 표현할 때는 몸을 약간 숙이고, 자신감과 권위를 표현할 때는 등을 곧게 펴고 손을 여유롭게 사용하면 메시지의 힘이 더욱 강해집니다. 이처럼 제스처를 전략적으로 활용하면 목소리와 함께 메시지가 더욱 강력하고 설득력 있게 전달됩니다.

> **따라 하기 POINT**
> 과한 손짓이나 반복적인 제스처는 메시지 전달을 방해하고 주의를 분산시킬 수 있습니다. 불필요한 손놀림은 오히려 청중에게 불안감을 줄 수 있으므로, 제스처는 필요할 때만 의도적으로 사용하는 것이 효과적입니다.

11장

"같은 말을 해도 그 사람이 말하면 사람들 반응이 달라요"

듣는 순간 호감을 부르는 말하기 연습

상대를 편안하게 하는 목소리는 마음을 여는 열쇠가 된다

 같은 말을 해도 유난히 대화를 술술 이어가고 상대의 자연스러운 반응을 끌어내는 사람이 있습니다. 특별한 기교를 부리는 것도 아닌데, 사람들은 그와 이야기하는 순간을 즐기고 싶어 하죠. 가만히 살펴보면 그 대화 속에는 따뜻함과 편안함이 흐릅니다. 그리고 그런 분위기는 목소리만으로도 충분히 만들어낼 수 있습니다.

 그렇다고 억지로 멋있게 꾸미거나 고운 목소리를 흉내 낼 필요는 없습니다. 목소리에 영향을 주는 요소들을 이해하고 하나씩 활용하는 것만으로도 충분합니다.

 예를 들어, 말할 때 시선이 아래로 떨어지면 자신감 없어 보이죠. 반대로 정면을 바라보거나 상대의 눈을 맞추며 말하면 대화에 진심으로 임하고 있다는 인상을 줄 수 있습니다. 또한 입을 작게 벌리고 말하면 소리가 약해지고 발음이 흐려지는데요. 입을 충분히 열어 또렷하게 발음하는 습관을 들이면, 듣는 사람에게 훨씬 더 편안하고 집중되는 경험을 선사할 수 있습니다.

지나치게 빠른 말은 상대의 이해를 방해하고 피로감을 줄 수 있지요. 하지만 너무 빠르지 않은 자연스러운 속도와 리듬은 상대의 몰입을 돕습니다. 대화 중 잠시 침묵하는 것도 중요한 기술입니다. 열 마디의 말보다 한 번의 침묵이 더 깊은 인상을 남기고 상대가 대화에 더 집중하게 만듭니다. 또 억양과 높낮이를 조화롭게 활용하면 대화를 더 생동감 있게 진행해갈 수 있지요.

그렇습니다. 부드럽고 따뜻한 톤, 적절한 속도와 리듬, 상황에 맞는 음량, 그리고 명확한 발음 등이 모두 상대에게 편안함을 주고 자연스럽게 대화에 몰입하게 하는 요소들입니다.

목소리를 만드는 여러 요소가 아무리 잘 갖추어져도, 결국 사람의 마음을 움직이는 것은 그 속에 담긴 '진심'입니다. 상대를 배려한 말투와 감정을 담은 표현이 더해질 때, 비로소 상대는 긴장을 풀고 대화에 자연스럽게 몰입하게 됩니다. 그런 대화가 이어지고 쌓이면 신뢰가 깊어지고, 좋은 관계로 발전할 수 있습니다.

여러분이 좋아하는 목소리를 떠올려보세요. 또는 자꾸 대화하고 싶었던 사람의 목소리를 떠올려보세요. 그 목소리에서 느껴지는 감정과 특징을 생각하며, 편안함과 몰입감을 줄 수 있는 나만의 목소리를 만들어가는 연습을 해보면 어떨까요?

 친절한 말투를 갖기 위한 가장 효과적인 방법

친절한 말투를 갖기 위한 가장 효과적인 방법은 '모방'입니다. 평소 좋아하는 라디오 DJ, 스피치 강사, 배우의 말투를 참고하는 것이 가장 좋습니다. 특히 정확한 정보를 전달하는 뉴스보다는 공감이 되는 상담 프로그램이나 힐링 방송처럼 자연스러운 대화가 오가는 방송을 듣는 것이 더 도움이 됩니다. 이들의 억양, 속도, 끝 처리를 유심히 듣고, 직접 따라 해보세요.

다양한 음정과 강세, 속도로 감정을 풍부하게 표현하는 것이 포인트

이번 훈련의 포인트는 다양한 음정, 강세, 속도를 익히는 것입니다. 이 훈련은 감정을 의식하면서 진행되기 때문에 각 요소의 조절을 자연스럽게 익히게 됩니다. 그 결과 상황과 상대에 따라 말하기를 조절하는 능력을 키울 수 있고, 동시에 우리의 '진심'을 제대로 표현하는 데에도 도움이 됩니다.

감정을 표현하며 문장 읽기

"저는 진심인데, 상대방이 느끼지 못하는 것 같아요." 이런 고민을 해본

적 있으신가요? 말을 잘하는 것보다 더 중요한 것은 감정을 제대로 전달하는 것입니다. 같은 문장이라도 따뜻한 톤으로 말하면 위로가 되지만, 차가운 톤으로 말하면 오해를 부를 수 있습니다. 그렇다면 어떻게 하면 내 목소리에 감정을 자연스럽게 담을 수 있을까요?

다음 다섯 가지 요소를 조절해가며, 감정을 담아 읽는 연습을 해봅시다.

① 표정과 목소리 맞추기

거울 없이 감정 표현을 연습하면 목소리와 표정이 따로 놀기 쉽습니다. 기쁠 땐 눈을 크게 뜨고 밝게 말해야 하고, 슬플 땐 눈썹을 내리며 말해야 톤이 자연스럽게 낮아집니다. 성대모사를 할 때 얼굴 근육을 조절하듯, 감정 표현도 표정과 함께해야 더 생생하게 전달됩니다. 입꼬리만 살짝 올려도 목소리 분위기가 달라지는 것을 직접 확인해보세요. 표정과 목소리를 함께 조절해야 감정이 진짜로 전달됩니다.

② 목소리 높낮이 조절하기

목소리의 높낮이를 잘 활용하면 같은 문장도 다르게 들립니다. '고맙습니다.'를 단조롭게 말하면 형식적인 인사처럼 들리지만, 음을 살려 말하면 진심이 전해집니다. 또 '지금 당장 해결해야 합니다.'라는 문장을 높은 톤으로 말하면 가벼운 느낌이 들고, 낮은 톤으로 단호하게 말하면 신뢰감과 무게가 실립니다.

③ 강조와 말하기 속도 조절하기

강조와 속도를 조절하지 않으면 감정이 제대로 전달되지 않습니다. 감사의 표현은 천천히, 또박또박 말해야 진심이 느껴집니다. 놀랄 땐 자연스럽게 말이 빨라지고 리듬감이 생기죠. 슬픈 감정은 속도를 늦추고 길게 늘여야 깊이가 전해집니다.

④ 침묵과 호흡으로 감정 살리기

감정을 담는 목소리에는 소리뿐 아니라 침묵과 호흡도 중요한 역할을 합니다. 놀라면 순간적으로 숨을 멈추고, 슬플 땐 긴 숨을 내쉬며 소리가 이어지죠. 화가 났을 때는 거칠고 짧은 호흡이, 기쁠 땐 가볍고 빠른 호흡이 자연스럽게 섞입니다. 문장 중간에 잠시 멈춤(침묵)을 주면, 목소리만으로는 다 전달되지 않는 긴장감이나 여운이 살아납니다. 예를 들어, "정말… (잠시 멈춤) 고마워."라고 말하면 감정이 훨씬 진하게 전해집니다. 호흡과 침묵을 의도적으로 조절하는 훈련은 감정 표현을 한층 깊고 설득력 있게 만들어줍니다.

⑤ 상황별 연습하기

감정을 정확히 전달하려면 상황을 떠올리며 연습하는 것이 좋습니다. 예를 들어, 기쁜 놀라움이라면 '진짜야? 믿을 수 없어!'처럼 빠르고 높은 톤이 자연스럽고, 충격적인 놀라움이라면 '뭐라고? 말도 안 돼…'처럼 낮고 느린 톤이 어울립니다. 오랜만에 친구를 만났을 때는 '야! 진짜 오랜만이다!'처럼 활기차게 말하거나, '와, 너 변함이 없네'처럼 감동을 담아 말할 수도 있습니다. 상황을 구체적으로 설정하면 목소리의 톤과 표현이 더욱 생생해집니다.

목소리를 조절하며 구연동화 읽기

감정을 효과적으로 전달하려면 목소리 조절이 핵심입니다. 성대모사를 잘하는 사람들은 단순히 목소리 높낮이만 바꾸는 것이 아니라, 공명 위치, 성대의 긴장도, 입술과 혀의 움직임까지 세밀하게 조절합니다. 예를 들어, 코맹맹이 소리를 내려면 비강 공명을 활용해야 하고, 무게감 있는 중저음을 내려면 후두를 낮추는 기술이 필요합니다. 특정인의 말투를 따라 하려면 발음 습관, 리듬, 호흡 패턴까지 익혀야 합니다.

이 원리는 감정 표현에도 동일하게 적용됩니다. 슬픈 감정은 호흡을 길게 가져가야 하고, 화난 감정은 목을 조이며 짧게 내야 하죠. 즉, 감정을 담아 말하는 법을 익히는 것은 성대모사와 같은 원리입니다.

구연동화는 이런 감정 표현 훈련에 매우 효과적입니다. 등장인물의 성격과 상황에 따라 목소리를 변화시키면서 감정 표현력을 키울 수 있기 때문이죠. 따뜻한 할머니의 목소리, 놀라는 목소리, 다정한 목소리 등을 연습하다 보면 듣는 이에게 더욱 생동감 있게 전달할 수 있습니다. 또한 문장을 또렷하고 자연스럽게 읽으면서 발음 명료성과 문장 리듬 조절 능력도 함께 길러집니다.

문장 끝음을 조정하며 따뜻한 말투 익히기

같은 말을 해도 유난히 친절하고 부드럽게 들리는 목소리가 있습니다. 그 차이는 어디서 올까요? 핵심은 따뜻하고 부드러운 호흡이 스며든 말투입니다. 숨결이 자연스럽게 배어든 말하기는 특히 문장 끝에서 잘 드러납니다.

　문장 끝음을 억지로 올리거나 갑자기 끊지 않고, 부드럽게 호흡과 연결하여 마무리하면 목소리가 훨씬 친절하고 자연스럽게 들립니다. 이번에는 주어진 문장을 끝맺는 부분에 집중해, 부드럽게 마무리하는 연습을 해보겠습니다.

표정을 바꿔가며 생동감 있게 말하기

꽃 향기를 맡을 때를 떠올려보세요. 자연스럽게 미소가 지어지고, 마음이 편안해집니다. 이때 얼굴 근육뿐만 아니라 목 안의 긴장도 풀리면서 더 부드럽고 안정적인 호흡을 하게 됩니다. 웃는 표정은 성대 주변 근육의 긴장을 완화하여 발성을 자연스럽게 만들어줍니다. 반대로 얼굴이 굳어 있으면 목소리도 경직되고 답답하게 들리기 쉽습니다.

심리학자 폴 에크먼(Paul Ekman)은 감정과 표정이 밀접하게 연결되어 있다고 설명합니다. 그는 전 세계 연구를 통해 인간이 보편적으로 표현하는 여섯 가지 기본 감정(기쁨, 슬픔, 분노, 놀람, 두려움, 혐오)이 있으며, 표정은 단순히 감정을 드러내는 것이 아니라 감정을 유발하기도 한다고 밝혔습니다. 예를 들어, 억지로 미소를 지어도 실제로 기분이 좋아지고, 찡그리면 부정적 감정이 생길 수 있다는 것이죠. 이를 '안면 피드백 가설(Facial Feedback Hypothesis)'이라고 합니다.

이 원리는 목소리에도 동일하게 적용됩니다. 미소 지으며 말하면 목소리 톤이 밝아지고, 인상을 쓰고 말하면 목소리가 무겁고 딱딱해집니다. 얼굴의 미세한 움직임은 목소리 울림과 호흡에도 영향을 미치기 때문에, 표정을 어떻게 관리하느냐에 따라 목소리의 느낌과 전달력이 크게 달라집니다.

따라서 이번에는 다양한 표정을 지으며 문장을 읽어보는 훈련을 진행하겠습니다. 이를 통해 감정이 자연스럽게 담긴 목소리를 만들고, 진정성 있는 소통 능력을 키워봅시다.

 ## 감정을 담아 말하기

감정을 담아 문장 읽기

① 제시 문장을 지시어에 맞게 낭독해보세요.

[감사 → 따뜻하고 부드러운 톤으로, 가슴 공명을 활용하면서]
감사합니다. 제가 바라던 거예요.

[즐거움 → 밝고 가벼운 톤으로 머리 공명을 활용하면서]
와! 너무 신나요! 정말 기대돼요.

[놀람 → 갑작스럽게 피치를 올려서 표현]
정말요? 와, 믿기지 않아요!

[슬픔 → 낮고 가라앉은 톤으로 목 공명을 활용하면서]
그랬군요… 정말 안타까워요.

[분노 → 강한 성대 접촉을 의식하며 단단한 소리 내기]
이건 말도 안 돼! 도저히 받아들일 수 없어!

[두려움 → 약한 성대 접촉을 의식하면서 숨이 섞인 소리로]
어떡하지… 이거 정말 무섭네요.

[자신감 → 확신이 느껴지는 단단한 소리로]

걱정 마세요. 제가 해내겠습니다!

[진지함 → 낮고 안정적인 톤으로]

이건 정말 중요한 문제입니다. 함께 고민해봅시다.

[사랑/애정 → 따뜻한 성대 접촉을 의식하면서 부드러운 끝처리로]

정말 고마워요. 당신 덕분이에요.

> **따라 하기 POINT**
>
> 감정을 잘 표현하는 사람들은 목소리의 높낮이뿐 아니라 말할 때의 공명 위치, 성대의 긴장도, 입술과 혀의 움직임까지 조절합니다. 이 원리를 활용하면 감정을 더 생생하게 표현할 수 있습니다. 따뜻한 감사를 표현할 때 부드럽고 깊은 공명을 사용하면 듣는 사람에게 진정성이 전해집니다. 반면, 화난 감정을 표현할 때는 성대를 더 긴장시키고 낮고 강한 톤을 내야 합니다.

| 따라 해볼까요 | **구연동화 읽기** |

제시된 동화를 읽어봅니다.

옛날 옛날에 한 할머니와 할아버지가 살았어요. 할머니는 따뜻한 호박죽을 끓이고, 할아버지는 푸근한 미소로 창밖을 바라보았어요.

그러던 어느 날, 마당 한가운데에서 반짝이는 작은 씨앗을 발견했어요. '어머, 이게 무슨 씨앗일까?' 할머니가 신기한 듯 말했어요. '한번 심어볼까요?' 할아버지가 씨앗을 조심스럽게 들어 올렸어요.

두 사람은 정성스럽게 씨앗을 심고, 매일같이 물을 주며 돌봤어요. 하루, 이틀, 사흘… 시간이 지나자 작은 싹이 돋아났어요. 싹은 점점 자라더니 어느새 커다란 호박이 되었어요.

'와, 이렇게 커다란 호박은 처음 뵈요!' 할머니가 놀라며 말했어요. '이 호박으로 맛있는 죽을 끓이면 참 좋겠군!' 할아버지도 기뻐했어요.

그런데 그때였어요! 호박이 흔들리더니! 쩍하고 갈라졌어요. 그리고 그 안에서 깜짝 놀랄 일이 벌어졌답니다.

① 등장인물별로 목소리 변화를 주면서 낭독해봅니다.

할머니는 따뜻하고 부드럽게, 할아버지는 푸근하고 낮은 톤으로 표현해보세요. 지문에는 없지만 다른 동화에서 아이가 등장한다면 밝고 경쾌한 목소리로, 악당이 있다면 낮고 거친 톤을 시도해보세요. (할머니/할아버지/아이/악당)

② 이번에는 형용사를 목소리로 표현하는 데 신경 쓰며 읽어봅니다.

(따뜻한/반짝이는/작은/커다란/맛있는)

(따스한 느낌이 들도록 따뜻한 호흡을 사용하며 천천히 부드럽게 표현해보세요.)
"따뜻한 호박죽을 끓이고"

(신비롭고 기대감이 느껴지도록 약간의 멈춤과 밝은 톤을 사용해보세요.)
"반짝이는 작은 씨앗을 발견했어요."

③ 이번에는 속도와 강약을 의식하고 조절하며 읽어보세요.
중요한 장면에서는 천천히, 긴장감 있는 장면에서는 빠르게 읽어 보세요. '그러던 어느 날'과 같은 부분에서는 살짝 멈추면서 궁금증을 유발하는 느낌으로 말하면 더 몰입감을 줄 수 있습니다.

④ 이번에는 손짓이나 표정을 함께 사용하는 것을 중점에 두고 읽어봅니다. "한번 심어 볼까요?"를 말할 때는 살짝 미소를 띠고 눈을 반짝이며 기대하는 표정을 지어보세요.
"씨앗을 조심스럽게 들어 올렸어요" 부분에서는 손가락으로 작은 씨앗을 집는 동작을 실제로 해보며 말합니다.

⑤ 이번에는 발음에 신경 쓰며 읽어봅니다. 문장을 자연스럽게 연결하면서도, 중요한 단어는 또렷하게 발음하면 듣기 좋은 소리가 됩니다.
'푸근한 미소로 창밖을 바라보았어요'에서 '푸근한'의 느낌을 살리려면 부드럽고 천천히 읽어보세요. 구연동화를 읽을 때는 내용을 전달하는 것도 중요하지만, 듣는 사람이 눈앞에서 장면을 떠올릴 수 있도록 말하는 것이 가장 중요합니다.

⑥ 마치 누군가가 듣고 있는 것처럼 읽어보세요. 실제로 아이들이나 청중 앞에서 읽고, 그들의 반응을 살피면서 목소리를 조정하며 연습하면 훨씬 좋습니다.

따라 하기 POINT

듣는 사람이 몰입할 수 있도록 목소리를 조절하면서 자연스럽게 청중과 소통하는 능력을 기를 수 있습니다. 특히 아이들을 대상으로 구연동화를 하면, 반응을 보며 목소리를 조정하는 감각을 익힐 수 있습니다.

뿐만 아니라, 구연동화에서는 다양한 캐릭터의 목소리를 내야 하기 때문에 톤, 음색, 높낮이를 조절하는 연습할 수 있습니다. 이 과정에서 자신의 목소리 가능성을 넓히고 더 호감 가는 목소리를 만들 수 있습니다.

말투에 따뜻함 더하기

좋은 발성과 공명, 호흡으로 감정을 표현해도 사소한 말투 때문에 호감도에 결정적 영향을 미치기도 합니다. 다음 연습을 통해 말투에서 오는 오해를 줄이고, 보다 따뜻하고 호감 가는 인상을 남기는 말하기를 시도해봅시다.

① '건조하고 차가운 톤이라 사람들에게 화가 났냐며 오해를 받아요.'
　→ 다음 문장을 지시어에 맞게 읽어보세요. 둘 중 어떤 말투가 더 친절하고 호감 있게 들리나요?

　　　(단호하고 건조한 톤) 이거 지금 해주세요!
　　　(부드럽고 따뜻한 톤) 이거 지금 부탁드려도 될까요?

② '말할 때 끝음이 처지고 내려가서 말이 안으로 먹어 들어가요.'
　→ 다음 문장을 한 번은 끝음을 내리면서, 한 번은 끝음을 올리면서 읽어봅니다.

　　　이거 지금 부탁드려도 될까요?
　　　이거 지금 부탁드려도 될까요?

③ '말이 느려서 말이 끝나기도 전에 다른 사람에게 주도권을 뺏겨요, 말이 너무 빨라서 사람들이 내 말에 집중을 못 해요.'
　→ 다음 문장을 한 번은 음절을 끊으면서 빠르게, 한 번은 천천히 전체 문장을 부드럽게 잇는다는 느낌으로 읽어봅니다.

/이거/ /지금/ /부탁드려도/ /될까요?/
이거 지금 부탁드려도 될까요?

> **따라 하기 POINT**
> 마음은 그렇지 않은데 말투 때문에 오해를 산 적이 있거나 주변 지인들에게 말투에 대한 지적을 자주 받았다면, 음정 변화 없이 건조한 톤으로 말하거나 끝음을 내리거나 딱딱 끊어서 말하거나 너무 빠르게 말하고 있는지도 모릅니다.
> 이런 경우는 말을 녹음해서 들어보고, 의식적으로 음정에 변화를 주면서 끝음을 자연스럽게 올리고 속도를 조절하는 연습을 하는 것이 좋습니다.

표정을 바꿔가며 생동감 있게 말하기

따라 해볼까요

[연습 문장]

그래, 그럴 수도 있지.

아니야, 괜찮아.

거짓말하지 마!

① 위 제시 문장은 다양한 감정에 따라 다르게 표현되는 중의적 표현을 담고 있습니다. 먼저, 미소를 지으며 제시 문장을 읽어보세요.

미소를 지으며 문장을 읽으면 목소리가 밝고 따뜻하게 변하고, 말끝이 자연스럽게 위로 살짝 올라가 상대가 편안함과 호감을 느낄 수 있습니다. 예를 들어 상담을 시작할 때 "그래, 그럴 수도 있지."라고 미소 지으며 말하면, 상대는 존중받는 느낌을 받아 대화가 부드럽게 이어집니다. 이렇게 미소가 담긴 목소리는 친근하고 긍정적인 분위기를 만들어내며, 말 속에 배려가 자연스럽게 스며듭니다.

② 이번에는 제시 문장을 찡그린 표정과 함께 읽어보세요.

찡그린 표정으로 문장을 읽으면 목소리가 낮아지고 무게감이 실리며, 말끝이 단호하게 떨어져 강한 의지가 전달됩니다. 예를 들어 회의 중 잘못된 보고를 들었을 때 "거짓말하지 마!"라고 찡그리며 말하면, 상대는 즉각적인 압박을 느끼고 긴장하게 됩니다. 이런 표현 방식은 엄격함과 불만, 그리고 지적의 뉘앙스를 강하게 드러내어 말의 힘과 영향력을 크게 높입니다

③ 제시 문장을 슬픈 표정을 하며 읽어보세요

슬픈 표정으로 문장을 읽으면 호흡이 느려지고 길어지며 소리가 작아지고 아래로 가라앉아, 말끝에 힘이 빠지면서 애절하거나 안타까운 기운이 묻어납니다. 예를 들어 위로의 자리에서 "아니야, 괜찮아."라고 슬픈 표정으로 말하면, 단어 그 자체보다 담긴 감정이 먼저 전달되어 상대의 마음을 울릴 수 있습니다. 이런 목소리에는 연민과 공감, 아쉬움이 배어 있어 깊은 울림을 남깁니다.

④ 제시된 문장을 아래 눈을 크게 뜨고 놀라는 듯하며 읽어보세요

놀란 표정으로 문장을 읽으면 음이 갑자기 높아지고 속도가 빨라지면서 말의 첫 부분이 강조되어 생동감이 크게 살아납니다. 예를 들어 예상치 못한 소식을 들었을 때 "그래, 그럴 수도 있지!"라고 눈을 크게 뜨고 말하면 순간의 놀라움과 즉각적인 반응을 이끌어내며, 듣는 사람을 단번에 몰입하게 만드는 효과를 줍니다.

마치며

  이 책을 쓰면서 새삼 목소리로 저를 찾아왔던 많은 분들이 떠올랐습니다. 그분들이 안고 있던 고민과 어려움을 다시금 깊이 깨달았습니다. 동시에 목소리 훈련을 통해 변화하고 성장하며 자신감을 되찾을 분들을 생각하니 설레기도 했습니다. 여러분이 자신의 좋은 목소리를 되찾을 수 있도록 원고 곳곳마다 진심을 담아 최선을 다했습니다. 이 책이 여러분께 작은 용기와 희망의 시작점이 되기를 바랍니다.

  좋은 목소리는 하루아침에 완성되지 않습니다. 매일의 꾸준한 연습과 작은 습관이 모여 자연스럽고 건강한 발성으로 발전합니다. 이런 변화는 단지 목소리 훈련만의 의미를 넘어 자기 자신을 성장시키고 발전시키는 여정입니다. 목소리를 통해 더 좋은 사람이 되면 주변에 긍정적인 영향력을 발휘할 수 있다는 점을 기억해주세요.

또한 목소리는 사람들의 기억 속에 오랫동안 남습니다. 부드럽고 따뜻한 목소리는 위로를 주고, 진실하고 신뢰감 있는 목소리는 중요한 순간마다 강력한 힘을 발휘합니다. 여러분도 이제 자신이 어떤 목소리로 기억되길 원하는지, 어떤 톤과 리듬으로 말하고 싶은지 구체적으로 그려보세요. 이 작은 고민들이 결국 큰 변화로 이어질 것입니다.

마지막으로, 제가 좋아하는 '알프레드 디 수자'의 시 한 구절을 소개하고자 합니다.

춤추라, 아무도 바라보지 않는 것처럼.
사랑하라, 한 번도 상처받지 않은 것처럼.
노래하라, 아무도 듣고 있지 않은 것처럼.
일하라, 돈이 필요하지 않은 것처럼.
살라, 오늘이 마지막 날인 것처럼.

-

알프레드 디 수자 (Alfred D'Souza)

"아무도 듣고 있지 않은 것처럼 노래하라." 이 구절은 남의 시선을 의식하며 꾸며진 목소리가 아니라 자연스럽고 솔직한 내 목소리를 사랑하라는 메시지로 다가옵니다. 완벽하지 않아도 좋습니다. 목소리는 남을 의식할수록 작아지고 위축됩니다. 진정한 자유와 행복은 여러분이 자신을 자연스럽게 표현할 때 비로소 찾아옵니다.

목소리라는 주제로 끝까지 함께해주신 여러분께 깊이 감사드립니다. 여러분의 소중한 시간과 따뜻한 관심 덕분에 이 책이 세상에 나올 수 있었습니다. 이 책이 여러분의 삶에 작지만 의미 있는 변화를 가져오기를 바라며, 여러분의 목소리가 더욱 당당하고 매력적으로 세상에 울려 퍼지기를 진심으로 응원합니다.

아울러 이 책의 출간을 위해 세심한 배려와 조언을 아끼지 않으신 더퀘스트 출판사 관계자분들께 감사드립니다. 특히 많은 수고를 아끼지 않으신 송은경 차장님께 특별한 감사의 말씀을 전합니다. 또한 동영상 편집과 내용 정리에 큰 도움을 주신 일산백병원 김종현 음성치료사께도 깊이 감사드립니다.

사실 감사의 마음을 전하고 싶은 분들이 너무 많습니다. 이 자리에서 일일이 다 언급하지 못하는 것이 아쉽지만, 함께해주신 모든 분들의 노고와 응원에 진심 어린 존경과 감사를 드립니다.

무엇보다도 언제나 곁에서 묵묵히 지지해준 사랑하는 아내와 해맑은 웃음으로 새로운 힘을 주는 딸 수아에게 특별한 감사를 전합니다. 아내의 끝없는 격려와 수아의 순수한 웃음이야말로 제가 지치지 않고 이 길을 걸어올 수 있었던 가장 큰 원동력이었습니다.

여러분의 삶에 더 좋은 목소리와 더 많은 기쁨이 가득하기를 진심으로 기원합니다. 다시 한 번, 진심으로 감사드립니다.

부록

좋은 목소리를 위한 건강한 목 관리 TIP

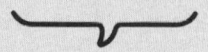

목소리는 평생 함께해야 할 친구입니다

우리의 목소리는 사랑하는 이에게 노래를 불러주고, 따뜻한 감정을 담아 누군가를 위로할 수도 있습니다. 하지만 악기와 달리, 상했다고 해서 새것으로 바꿀 수는 없죠. 다른 사람의 목소리가 부러워도 하루아침에 내 것으로 만들 수도 없습니다. 그래서 내 목소리를 올바르게 관리하는 것이 중요합니다. 잘못된 사용 습관이 쌓이면 목소리는 쉽게 상할 수 있습니다. 무리한 발성, 과도한 긴장, 불안정한 호흡 습관은 목을 지치게 하고, 결국 목소리의 질을 떨어뜨립니다.

아침에 일어나 처음 내는 목소리, 어떻게 관리하고 계신가요?

잠에서 깨어난 직후 바로 목소리를 내면 성대에 부담이 갈 수 있습니다. 따라서 짧게라도 발성 연습을 하며 목소리를 워밍업 하는 것이 중요합니다. 특히, 준비 없이 큰 소리를 내거나 갑자기 고음으로 노래를 부르면 성대에 무리를 줄 수 있습니다. 밤새 쉬었던 성대는 부드럽게 풀어줘야 합니다. 가볍게 콧노래를 흥얼거려보세요. 간단한 소리 내기만으로도 성대에 부담을 줄이고, 발성 준비를 할 수 있습니다.

또한, 목소리가 잘 나오지 않을수록 목소리를 크게 내려고 턱을 앞으로 빼고 말하게 되는데, 이러한 습관은 턱과 혀의 긴장을 높이고 호흡을 불안정하게 만들어 오히려 발성을 어렵게 만들 수 있습니다. 하루 종일 건강한 목소리를 유지하려면 올바른 발성 습관이 필수적입니다.

목소리는 우리가 매일 사용하는 중요한 도구이지만, 그 중요성을 종종 잊고 살아갑니다. 성대에 특별한 문제가 생기기 전까지는 관리의 필요성을 느끼지 못하는 경우가 많죠. 목소리도 우리 몸의 다른 근육이나 기관처럼 꾸준한 관리가 필요하며, 잘못된 사용이 반복되면 다양한 음성 질환으로 이어질 수 있습니다.

그중 하나가 성대결절입니다. 성대결절은 잘못된 발성 습관으로 인해 성대에 굳은살이 생기는 대표적인 성대 질환입니다. 성대결절이 생기면 성대 점막의 진동이 원활하지 않아 쉰 목소리가 날 수 있습니다. 특히 피로가 쌓인 상태에서 오랜 시간 큰 소리로 말하거나 빠르게 말하는 습관을 갖고 있거나 무리한 발성을 지속하면 성대결절이 생길 가능성이 높아집니다.

성대폴립(용종)은 성대결절과 비슷하지만, 발생 원인과 과정에서 차이가 있습니다. 성대결절은 잘못된 발성이 반복되면서 서서히 생기는 반면, 성대폴립은 혈관이 터지면서 발생하는 경우가 많습니다. 단 한 번의 고함이나 무리한 발성만으로도 생길 수 있어 더욱 주의해야 합니다.

또한, 목소리를 과도하게 낮게 사용하거나 특정 발성 패턴을 지속하면 다른 성대 질환이 발생할 수 있습니다. 그 예로, 권위적인 목소리나 지나치게 낮은 음성을 지속적으로 사용하면 육아종(접촉성 궤양)이 생길 가능성이 높아집니다. 이는 본래 자신의 음역보다 훨씬 낮은 목소리를 무리하게 사용하면서 성대에 지속적인 압력이 가해지기 때문입니다.

이러한 성대 질환이 발생하면 이비인후과 후두 전문의나 음성치료사의 진료를 받아야 합니다. 많은 사람이 목소리 이상을 오랫동안 방치하다가 뒤늦게 병원을 찾곤 합니다. 만약 2주 이상 목소리가 변하거나 쉽게 회복되지 않는다면 반드시 검진을 받아보는 것이 좋습니다.

목소리도 과로한다

말을 많이 하거나 무리하게 노래를 부르는 등 성대를 과도하게 사용하는 것을 음성 남용(Voice Abuse)이라고 합니다. 우리의 목소리는 몸 상태를 그대로 반영하기 때문에, 충분한 휴식을 취하지 않으면 컨디션 저하로 인해 감기나 인후염에 쉽게 걸릴 수 있습니다. 피로가 쌓인 성대는 점막에 염증이 생기고 부어오르기 쉬운데, 이런 상태에서 무리하게 목소리를 내면 성대 손상의 위험이 커집니다.

특히 시끄러운 환경에서는 자연스럽게 목소리를 키우게 됩니다. 카페처럼 음악 소리가 크고 주변이 시끄러운 환경에서는 나도 모르게 목소리를 높이게 됩니다. 이것은 롬바르드 이펙트(Lombard Effect)라고 불리는 현상으로, 뇌가 소음 속에서도 의사소통을 원활하게 하기 위해 소리를 키우는 자연스러운 반응입니다. 하지만 이러한 상황이 지속되면 성대에 부담이 가중되고, 쉽게 피로해지거나 손상될 위험이 높아집니다. 특히 카페, 술집, 콘서트장처럼 소음이 큰 공간에서 장시간 대화를 나누는 것은 성대 건강에 악영향을 미칠 수 있습니다. 모두가 목소리를 높이다 보면 주변 소음이 점점 커지는 악순환이 발생하기도 합니다. 이것을 예방하려면 다음과 같은 방법을 실천하는 것이 좋습니다.

- 조용한 장소 선택: 대화가 필요한 상황이라면 비교적 조용한 공간을 찾습니다.
- 배경 소음 조절: 음악이나 TV 볼륨을 줄이면 서로 큰소리로 말해야 하는 부담이 줄어듭니다.
- 마이크 활용: 강연, 회의, 발표에서는 마이크를 사용해 불필요한 성대 부담을 줄입니다.

주변 환경을 고려한 발성 습관이야말로 건강한 목소리를 유지하는 핵심입니다!

목소리 피로를 예방하는 휴식과 관리 방법

'목소리에 피곤함이 묻어나네….' '감기 걸린 거 아니야?' '무슨 안 좋은 일 있어?'

우리는 전화 통화 중에도 상대의 목소리만 듣고도 컨디션을 자연스럽게 파악할 수 있습니다. 이처럼 목소리는 몸 상태를 반영하는 중요한 신호입니다. 평소와 다르게 목소리가 쉬거나 갈라진다면 단순한 피로가 아니라 성대에 무리가 갔다는 신호일 수 있습니다. 특히, 목이 자주 건조해지거나 음성이 쉽게 변한다면 성대 건강을 점검해볼 필요가 있습니다.

목이 아파 병원에 가면 대부분의 병원에서는 종종 '말을 하지 말고 쉬세요'라며 침묵을 권합니다. 하지만 목소리를 사용하지 않는다고 해서 근본적인 문제가 해결되는 것은 아닙니다. 음성 휴식은 일시적으로 염증이나 통증을 완화하는 데 도움을 줄 수 있지만, 잘못된 발성 습관을 개선하지 않으면 같은 문제가 반복될 가능성이 큽니다. 잘못된 발성 패턴을 계속 유지하면, 회복 후에도 다시 목에 부담이 가고 통증이 재발할 수 있습니다.

따라서 목소리 건강을 지키려면 단순히 말을 줄이는 것만으로는 충분하지 않습니다. 올바른 호흡과 발성 습관을 익히는 것이 필수적이며, 이를 실천하기 위해서는 성대가 건강한 상태여야 합니다. 결국, 좋은 발성을 위한 첫걸음은 충분한 휴식과 적절한 관리입니다.

컨디션이 저하되면 감기나 인후염에 쉽게 걸릴 뿐만 아니라, 성대 점막이 건조해지고 염증이 생길 위험이 커집니다. 피로가 누적되면 성대가 부어오르고, 목이 긁히는 듯한 느낌이나 뻣뻣함이 지속될 수 있습니다. 감기에 걸리지 않았는데도 목소리가 잘 나오지 않는다면, 이는 성대가 과로 상태라는 신호일 수 있습니다.

특히 수면은 목소리 컨디션을 결정짓는 중요한 요소입니다. 충분한 휴식을 취하지 못하면 신체는 피로를 느끼고, 이는 목소리에도 직접적인 영향을 미칩니다. 우리가 피곤할 때 무의식적으로 미간을 찡그리거나 얼굴 근육이 경직되는 것처럼, 성대 주변 근육도 함께 긴장하게 됩니다. 이로 인해 호흡이 얕아지고, 성대 점막이 건조해지며, 목소리는 거칠고 힘이 없어집니다. 또한, 안정적인 발성을 유지하기 어려워져 목소리가 쉽게 떨리거나 갈라질 수 있습니다.

충분한 휴식을 취하면 성대가 회복되고, 점막의 수분이 유지되며 염증 완화에 도움이 됩니다. 몸이 피로하면 성대 역시 긴장하고 기능이 저하되므로, 단순한 음성 휴식뿐만 아니라 수면과 전신 회복이 함께 이루어져야 합니다.

하루 동안의 목소리 사용 시간 체크하기

38살 직장인 A씨는 하루 종일 회의와 전화 통화로 바쁜 일정을 보냅니다. 아침부터 점심까지 여러 차례 중요한 발표를 하고, 오후에는 거래처 미팅에서 계속해서 말을 합니다. 저녁에는 동료들과 프로젝트를 논의하며 또다시 목소리를 사용하죠. 이렇게 하루 종일 말을 하다 보니, 저녁이 되면 목이 피곤해지고 목소리가 떨리거나 힘이 없어지는 것을 느낍니다. 직업적으로 목소리를 많이 사용하는 사람들은 성대가 쉴 틈 없이 혹사당하기 쉽습니다. 하지만 우리는 정작 얼마나 목소리를 많이 사용하고 있는지 인식하지 못하는 경우가 많습니다.

'하루에 목소리를 얼마나 사용하시나요?'라는 질문에 선뜻 답하지 못하는 경우가 많습니다. 하지만 목소리 피로와 불편함을 줄이려면 자신의 음성 사용 패턴을 체크하는 것이 필수적입니다. 목소리를 많이 사용한 시점과 상황을 기록하면, 불필요한 음성 사용을 줄이고 효과적인 관리 방법을 찾을 수 있습니다. 다음의 체크표를 활용해 각 시간대별 활동과 목 상태를 기록해보세요.

하루 목소리 사용 시간 체크표

시간대	활동 내용	목소리 사용시간 (분)	목 상태(편안 / 긴장 / 피로)	기타 / 추가 메모
아침 (7~9시)	(예: 출근 준비, 가족과 대화)			
오전 (9~12시)	(예: 회의, 전화 통화)			
점심 (12~1시)	(예: 점심식사, 동료와 대화)			
오후 (1~5시)	(예: 발표, 강의, 상담)			
저녁 (6~9시)	(예: 운동, 동호회 활동 중 대화)			
밤 (9~10시)	(예: 가족과 대화)			
총 사용 시간				

각 시간대별로 목소리를 사용한 활동을 적어보세요. 대략적인 사용 시간(분)을 기록하고 마지막에 총 사용 시간을 기록하세요. 말한 후 목 상태가 어땠는지 체크하세요. (편안, 긴장, 피로 등) 기타 특이 사항이 있다면 추가로 기록하세요.

체크표를 활용해 일주일간 기록해보면 내 목소리 사용 패턴과 음성 사용량에 대해 파악할 수 있고, 나의 일상에서 목소리 피로도를 줄이기 위한 전략도 세울 수 있습니다. 목소리 사용에 대한 자기 인식을 높이고, 좀 더 효율적으로 목소리를 관리해보세요.

목소리를 보호하는 생활 습관

일상에서 성대를 보호하는 방법

일상에서 성대를 보호하려면 먼저 수분을 충분히 섭취하는 것이 중요합니다. 성대는 점막으로 이루어져 있어서 촉촉한 상태를 유지해야 원활한 진동이 가능하기 때문에, 물을 자주 마셔서 성대가 건조해지는 것을 막고 피로를 줄여야 합니다. 또한, 성대를 과도하게 사용하는 것도 피해야 합니다. 장시간 큰 소리로 말하거나, 무리하게 고음을 내거나, 시끄러운 환경에서 목소리를 키우는 습관은 성대에 부담을 줄 수 있습니다. 되도록이면 조용한 환경에서 대화하고, 마이크를 사용할 수 있는 상황에서는 적극 활용하는 것이 성대를 보호하는 데 도움이 됩니다.

담배를 피우지 않는 것도 성대 건강을 지키는 가장 중요한 방법 중 하나입니다. 흡연은 잘 알려진 대로 심장병, 고혈압, 암 등 다양한 질병의 원인이 될 뿐만 아니라, 성대에도 직접적인 영향을 미칩니다. 뜨거운 연기가 성대를 건조하게 만들고, 점막을 자극해 충혈과 부기를 유발하기 때문이죠. 오랫동안 흡연을 하면 성대의 탄력이 점차 감소하며, 결국 목소리가 거칠고 허스키해질 가능성이 높아집니다. 심한 경우, 성대 점막이 붓고 두꺼워지는 라인케 부종이 발생할 수도 있습니다. 이는 낮고 둔탁한 목소리를 만들고, 심할 경우 정상적인 발성을 어렵게 만들 수도 있습니다. 건강한 목소리를 유지하고 싶다면 금연은 선택이 아니라 필수입니다.

건강한 목소리를 위한 음식과 음료

'먹는 것까지가 운동이다'라는 말이 있죠. 아무리 열심히 운동해도 식단을 제대로 관리하지 않으면 원하는 효과를 얻기 어렵습니다. 목소리 훈련도 같습니다. 좋은 목소리를 유지하려면 발성 연습뿐 아니라, 성대에 부담을 주지 않는 식습관을 함께 신경 써야 합니다.

특히, 우리가 섭취하는 음식과 음료는 성대 건강에 직접적인 영향을 미칠 수 있습니다. 예를 들어, 커피의 카페인과 술의 알코올은 이뇨 작용을 일으켜 체내 수분을 감소시키고, 성대 점막을 건조하게 만들어 목소리를 거칠게 만들 수 있습니다. 또한, 탄산음료는 역류성 식도염의 원인이 될 수 있습니다. 탄산이 위의 압력을 높이면 위산이 식도로 역류할 가능성이 커지고, 이 위산이 성대까지 도달하면 염증을 유발하여 쉰 목소리나 목의 불편함을 초래할 수 있습니다.

우유와 유제품도 성대에 영향을 줄 수 있습니다. 이들은 가래와 같은 분비물을 증가시켜 성대 주변에 점액이 쌓이게 만들고, 이로 인해 목이 답답하게 느껴질 수 있습니다. 특히 중요한 발표나 공연을 앞두고 있다면 우유와 유제품 섭취를 피하는 것이 좋습니다.

  멘톨이 함유된 스프레이나 사탕은 목이 마르거나 아플 때 즉각적인 청량감을 줄 수 있지만, 근본적인 성대 문제를 해결해주지는 못합니다. 오히려 점액 분비를 억제해 목을 더욱 건조하게 만들고, 이로 인해 성대의 진동이 어려워지고 목소리가 쉽게 피로해질 수 있습니다. 성대 건강을 유지하려면 따뜻한 물이나 허브티 같은 자연적인 방법으로 목을 보호하는 것이 좋습니다. 올바른 식습관을 통해 성대가 최상의 상태를 유지할 수 있도록 관리하는 것이 중요합니다.

목소리 손상을 예방하는 스마트한 방법

목이 답답하고 성대가 아프다면? 원인과 해결책 총정리

발성통(Odynoponia)

말을 많이 하거나 노래할 때, 특히 고음을 낼 때 목에 통증을 느낀 적이 있나요? 목 주변 근육이 뻐근하거나 쑤시는 느낌이 든 적이 있었나요? 이를 방치하면 음 높이(피치)가 불안정해지고 발성 습관이 나빠질 가능성이 있습니다. 대부분의 발성통은 원인을 쉽게 파악할 수 있지만, 일부 경우에는 원인을 찾기 어려운 경우도 있습니다. 특히, 성대결절과 같은 기질적 문제가 없음에도 지속적인 발성통을 호소하는 사람들이 있습니다. 이러한 경우 잘못된 발성 습관, 근육 긴장, 심리적 요인이 영향을 미칠 가능성이 큽니다.

또한 일반적인 검사에서는 발견되지 않지만, 고해상도 후두경 검사를 통해서만 확인할 수 있는 미세한 이상이 있을 수도 있습니다. 발성통이 장기화되면 음성 피로도가 높아지고 일상생활과 대인관계에도 영향을 줄 수 있으므로, 정확한 진단과 적절한 관리가 필요합니다. 발성통의 주요 원인들은 다음과 같습니다.

- 성대 염증, 과도한 사용: 장시간 말하거나 노래를 부를 경우 성대 점막이 자극을 받아 염증이 생길 수 있습니다. 특히 무리한 고음 발성이나 장시간의 강한 발성은 성대 피로를 가중시킵니다.
- 근육 긴장, 잘못된 발성 습관: 성대뿐만 아니라 후두 주변 근육이 과도하게 긴장하면 목에 압박감이 생기고, 이로 인해 목이 조이거나 뻐근한 느낌이 들 수 있습니다. 잘못된 호흡이나 억지로 소리를 키우는 습관도 발성통을 유발할 수 있습니다.
- 성대결절, 폴립 등: 성대에 반복적인 자극이 가해지면 작은 혹이 생길 수 있습니다. 이는 점점 커지면서 발성 시 통증이나 쉰 목소리를 유발하며, 심한 경우 수술이 필요할 수도 있습니다.

발성통 관리 및 해결법

목소리에 통증이 느껴진다면 무리한 발성을 피하고 충분한 휴식을 취하는 것이 좋습니다. 하지만 증상이 2주 이상 지속된다면, 이비인후과에서 정확한 검사를 받아보세요. 또한, 건강한 발성 습관을 익히기 위해 음성치료사의 도움을 받아 올바른 발성 훈련을 진행하는 것이 중요합니다.

목에 무언가 걸린 듯한 느낌

말을 할 때 목에 가래가 낀 것처럼 느껴지거나 이물감이 들어 불편한 적이 있나요? 이러한 증상은 단순한 감각 문제일 수도 있지만, 반복적으로 발생하면 발성과 건강에 영향을 줄 수 있습니다. 주요 원인은 다음과 같습니다.

- 성대 긴장: 성대 근육이 과도하게 긴장하면 목이 답답하게 느껴질 수 있습니다.
- 위산 역류: 위산이 식도로 올라와 성대를 자극하면 이물감과 목의 불편함이 지속될 수 있습니다.
- 감기 또는 알레르기: 점막이 부어오르거나 분비물이 증가하면서 목이 막힌 듯한 느낌이 들 수 있습니다.

이물감을 줄이기 위해 습관적으로 헛기침을 하면, 오히려 성대에 강한 충격을 주어 손상을 유발할 수 있습니다.

목에 이물감이 느껴지는 증상 관리 및 해결법
물을 마시거나 힘없이 숨을 내쉬듯 가볍게 기침하는 것이 좋으며, 위산 역류가 의심된다면 식습관을 조절해야 합니다. 또한, 성대 이완 훈련을 병행하여 불필요한 긴장을 줄이는 것이 중요합니다.

발음할 때 숨이 차거나 목이 답답한 경우
발음할 때 숨이 차거나 목이 답답하게 느껴진다면, 이는 호흡 부족, 가슴의 긴장, 성대 긴장 등이 원인일 수 있습니다. 호흡이 부족하면 말하는 도중 숨이 가빠지거나 문장 끝까지 소리를 내기 어려울 수 있으며, 흉곽이나 성대에 과도한 긴장이 있으면 공기의 흐름이 원활하지 않아 목이 조이는 느낌이 들 수 있습니다. 특히, 어깨와 목 주변 근육이 경직되면 호흡이 가슴 위쪽에 머물면서 깊고 안정적인 발성이 어려워질 수 있습니다.

목이 답답한 증상 관리 및 해결법
복식호흡 연습을 통해 충분한 호흡량을 확보하고, 흉곽 이완 연습으로 호흡이 자연스럽게 흐르도록 만들어야 합니다. 또한, 말할 때 어깨와 후두의 긴장을 점검하고 이완하는 것이 원활한 발성을 위해 중요합니다.

목소리가 점점 작아지거나 목이 조여오는 느낌
목소리가 점점 작아지거나 목이 조여오는 느낌이 든다면, 이는 호흡 조절 문제, 성대 피로, 발음의 문제, 혹은 목 근육의 과도한 긴장 때문일 수 있습니다. 특히 말할수록 목소리의 힘이 빠진다면, 호흡이 충분히 공급되지 않거나 성대가 적절히 닫히지 않아 공기가 불필요하게 새어나가는 경우일 가능성이 큽니다.

목이 조여지는 증상 관리 및 해결법
발음할 때는 불필요한 힘을 빼고 자연스럽게 소리를 내는 연습이 필요합니다. 또한, 올바른 발음 위치에서 발성이 이루어지고 있는지 점검하고, 성대 피로가 지속된다면 현재의 발성 패턴을 점검하고 교정하는 것이 중요합니다.

발성할 때 가슴이 답답하게 느껴지는 경우
발성할 때 가슴이 조여들고 귀에 통증 등이 느껴진다면, 호흡 불균형, 흉곽의 긴장, 감기 등의 신체적 요인이 원인일 수 있습니다. 특히, 복식호흡에만 의존하고 흉곽의 움직임이 제한되면 호흡이 원활하게 흐르지 않아 답답함을 느낄 수 있습니다.

가슴과 귀의 통증 관리 및 해결법

흉곽과 가슴 이완 연습을 통해 긴장을 완화하고, 복식호흡과 흉곽호흡을 조화롭게 사용할 수 있도록 훈련하는 것이 중요합니다. 또한, 발음할 때 턱의 긴장을 줄이면 공기의 흐름이 원활해지고 보다 편안한 발성할 수 있습니다.

목소리 회복을 위한 스트레칭과 이완법

사람들은 각자의 환경에서 다양한 자세로 목소리를 사용합니다. 앉은 상태에서 서 있는 고객을 상담할 때 무의식적으로 고개를 들면서 턱을 앞으로 내밀거나, 전화를 받을 때 고개를 한쪽으로 기울이는 습관, 책상 앞에서 화면을 바라보며 목을 앞으로 빼는 자세 등, 이 모든 것이 목과 어깨 근육에 영향을 미칩니다. 특히 승모근과 흉쇄유돌근은 감정과 깊은 관련이 있으며, 신체의 방어 기제(Defense Mechanism)와도 밀접하게 연결되어 있습니다. 예를 들어, 스트레스나 위협을 느끼면 몸이 무의식적으로 긴장하며 어깨를 으쓱하거나 목을 움츠리게 되지요? 이 과정에서 승모근과 흉쇄유돌근이 과도하게 긴장하게 됩니다. 이러한 긴장이 오랜 시간 지속되면 근육이 만성적으로 뻣뻣해지고, 결국 목소리에도 영향을 미칠 수 있습니다. 또한 승모근과 흉쇄유돌근의 과긴장이 오랜 시간 지속되면 거북목(Forward Head Posture)과 일자목(Straight Neck)과 같은 자세 불균형으로 이어질 가능성이 높아집니다.

거북목과 일자목의 차이와 영향

거북목(Forward Head Posture, FHP)

거북목은 머리가 어깨보다 앞으로 쏠린 자세를 말합니다. 주로 스마트폰이나 컴퓨터를 오래 사용할 때의 잘못된 자세로 인해 생깁니다. 머리가 몸의 중심보다 앞으로 나와 있기 때문에, 목과 어깨 근육이 긴장하게 됩니다. 특히, 승모근과 흉쇄유돌근이 과하게 뻣뻣해지고, 반대로 목 앞쪽 근육은 약해질 수 있습니다.

거북목이 지속되면 목과 어깨에 통증이 생기고, 두통이나 어지러움이 나타날 수 있습니다. 또한 호흡이 얕아지고, 목소리에도 영향을 줄 수 있으며, 오래 지속되면 목 디스크 위험도 커집니다.

일자목(Straight Neck, Military Neck)

일자목은 정상적인 목뼈의 C자형 곡선이 사라지고, 목뼈가 일자로 펴진 상태를 말합니다. 주로 장시간 고개를 숙이는 습관이나 잘못된 자세로 인해 발생합니다. 이 상태가 되면 목 뒤쪽 근육이 과하게 뻣뻣해지고, 반대로 흉쇄유돌근과 목 주변의 작은 근육들은 약해질 수 있습니다. 일자목이 지속되면 거북목과 마찬가지로 목 디스크 위험이 높아지고, 어깨 결림과 만성적인 피로가 생길 수 있습니다. 또한 목의 유연성이 떨어져 움직임이 둔해지고, 호흡과 발성에도 영향을 미쳐 목소리가 답답하게 들릴 가능성이 있습니다.

거북목과 일자목으로 인한 공명 공간의 변화도 목소리에 중요한 영향을 미칩니다. 정상적인 자세에서는 목과 가슴이 자연스럽게 확장되면서 소리가 깊고 풍부하게 울릴 수 있지만, 거북목과 일자목 상태에서는 목이 앞으로 말려 공명강이 위축됩니다. 이로 인해 목소리가 평평하고 깊이가 부족하게 들릴 수 있습니다. 또한, 목 근육의 긴장은 입과 턱의 움직임에도 영향을 미쳐 발음이 부정확하거나 딱딱한 느낌을 주며, 빠르게 말할 때 발음이 뭉개질 가능성이 커집니다. 결국, 거북목과 일자목은 호흡, 성대 압력, 공명, 발음 등에 부정적인 영향을 미쳐 목소리의 힘과 명료도를 떨어뜨릴 수 있습니다.

목소리를 맑고 강하게! 거북목과 일자목 교정 루틴

거북목과 일자목을 개선하기 위해서는 가벼운 스트레칭만을 하기보다, 자세를 바로잡고 근육의 균형을 회복하는 것이 중요합니다. 이를 위해 경추의 정상적인 정렬을 되찾는 운동을 활용할 수 있습니다. 그중 하나가 턱 당기기(Chin Tuck)와 경추 신전 운동(Neck Extension)입니다. 이 운동은 머리가 앞으로 나가는 습관을 교정하고, 목과 어깨 근육의 긴장을 줄이는 데 효과적입니다.

   [경추 신전 운동 방법(하루 3~5회, 한 번에 10회씩 반복)]
   ① 바른 자세 유지
   의자에 앉아 허리를 곧게 펴고 가슴을 살짝 들어줍니다.

   ② 턱 당기기
   턱을 살짝 당겨 이중턱을 만든다는 느낌으로 뒤쪽으로 당깁니다. 이

때 고개를 숙이지 않고 수평으로 당기는 것이 중요합니다.

③ 경추 신전(Neck Extension)
턱을 당긴 상태에서 천천히 고개를 뒤로 젖힙니다. 목 앞쪽이 시원하게 늘어나는 느낌이 들도록 유지합니다. 5~10초 유지 후 원래 자세로 돌아옵니다.

이 동작을 꾸준히 수행하면 거북목과 일자목이 완화될 뿐만 아니라, 목과 어깨 주변의 긴장이 줄어들어 더 자유롭고 안정적인 목소리를 낼 수 있습니다. 특히, 발성할 때 불필요한 힘이 들어가는 것을 방지하고, 보다 자연스럽고 편안한 음성을 유지하는 데 도움이 됩니다. 다만, 우리의 움직임과 자세는 하루이틀 만에 형성된 것이 아니기 때문에 쉽게 바꾸기는 어렵습니다. 꾸준한 연습과 올바른 습관 형성을 통해 점진적으로 개선해나가는 것이 필요합니다.

성대와 호흡 근육을 강화하는 스트레칭

전신 기지개 스트레칭 – 호흡과 함께하는 실습 가이드
이 동작은 전신을 이완시키고, 몸이 확장되는 느낌을 통해 자연스럽게 깊은 호흡을 유도하는 데 도움이 됩니다.

[전신 기지개 스트레칭(한 번 할 때 4~5회 반복)]

① 준비 자세

똑바로 서서 두 발을 어깨너비로 벌립니다. 손바닥이 앞을 향하도록 양팔을 자연스럽게 내려놓습니다. 목과 어깨의 긴장을 풀고 편안한 상태를 유지하세요.

② 들숨 - 키가 커지는 느낌으로

천천히 코로 숨을 들이마십니다. 동시에 양팔을 천천히 위로 들어 올리며 손끝이 천장을 향해 뻗어나가는 느낌을 가집니다. 숨을 마시는 동안 갈비뼈가 부드럽게 열리고 가슴이 확장되는 것을 느껴보세요. 발뒤꿈치를 살짝 들어 올려도 좋습니다.

③ 정점 유지 - 10초간 기지개 늘이기

최대로 늘어난 상태에서 10초간 유지합니다. 이때 숨을 참지 말고, 자연스럽게 짧고 얕은 호흡을 하면서 자세를 유지하세요. 온몸이 길어지는 느낌을 유지하며, 목과 어깨에 불필요한 긴장이 들어가지 않도록 합니다.

④ 날숨 - 긴장 풀기

천천히 입으로 숨을 내쉬면서 팔을 천천히 내립니다. 마치 공기를 풍선에서 빼듯이 부드럽게 내쉬며 몸을 원래 자세로 되돌립니다. 내쉬는 동안 가슴과 어깨의 긴장이 사라지는 느낌을 가집니다. 마지막에는 전신이 바닥으로 가라앉듯 편안하게 이완되도록 합니다.

효율적인 발성을 위해서는 성대뿐만 아니라 호흡을 담당하는 근육들의 유연성과 안정성이 중요합니다. 다음 스트레칭을 따라 해보세요.

가슴우리를 확장하는 스트레칭법

모든 호흡은 복부의 움직임만이 아니라 횡격막과 흉곽의 조화로운 작용을 통해 이루어집니다. 횡격막은 들숨 시 아래로 내려가면서 폐가 공기를 더 많이 받아들일 수 있도록 돕고, 이 과정에서 갈비뼈 사이 근육과 가슴 근육이 함께 사용됩니다. 그렇기 때문에 복식호흡만을 강조하기보다, 횡격막의 움직임을 최대한 활용하면서 갈비뼈를 확장하는 호흡 훈련을 병행해야 합니다. 횡격막과 갈비뼈의 유연성을 높이면 들숨과 날숨이 원활해지고, 발성 시 공기의 흐름이 자연스러워져 힘들이지 않고도 풍부한 소리를 낼 수 있습니다. 이러한 호흡 훈련이 곧 발성의 기초가 됩니다.

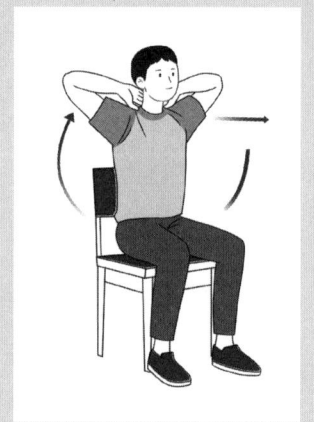

① 준비 자세에서 깊은 들숨

양팔을 머리 위로 올리면서 코로 깊게 숨을 들이마십니다. 이때, 갈비뼈가 옆으로 확장되는 느낌을 느껴보세요. (배가 아니라 가슴과 옆구리가 부풀어야 합니다.) 숨을 들이마시면서 척추를 길게 늘리는 느낌을 가져갑니다.

② 몸을 기울이며 천천히 내쉬기
한 손으로 반대쪽 손목을 잡고 몸을 한쪽으로 기울일 때, 입으로 천천히 숨을 내쉽니다. 내쉬면서 기울인 쪽의 옆구리와 갈비뼈 사이가 쭉 늘어나는 느낌을 받아보세요. 이때, 상체를 너무 앞으로 숙이지 말고 옆으로만 부드럽게 기울이는 것이 중요합니다.

③ 스트레칭 유지하며 자연스러운 호흡
기울인 상태에서 15초간 유지하면서 깊고 편안한 호흡을 반복합니다.
- 들이마실 때 → 기울인 쪽 갈비뼈를 더 확장하는 느낌
- 내쉴 때 → 긴장을 풀고 조금 더 깊이 늘어나는 느낌

숨을 늘이마실 때마다 갈비뼈가 더 확장되는 느낌을 의식적으로 가져가면 더욱 효과적입니다.

④ 반대쪽도 동일하게 반복하기
원래 자세로 돌아올 때도 천천히 들숨을 마시면서 돌아옵니다. 반대쪽도 동일한 방식으로 반복하세요.

흉곽 열기 스트레칭
발성을 안정적으로 하기 위해서는 흉곽의 유연성이 중요합니다. 흉곽을 여는 스트레칭은 호흡의 깊이를 증가시키고, 가슴을 자연스럽게 개방하여 보

다 안정적이고 깊이 있는 소리를 내는 데 도움을 줍니다.

① 가슴을 활짝 열며 깊은 들숨
양팔을 옆으로 벌리고 가슴을 앞으로 밀어냅니다. 이때, 어깨가 으쓱 올라가지 않도록 주의하며 가슴이 자연스럽게 확장되는 느낌을 느껴보세요. 코로 깊게 숨을 들이마시면서 가슴과 갈비뼈가 확장되는 감각을 집중해서 느낍니다.

② 자세 유지하며 호흡에 집중하기
가슴을 연 상태에서 5초간 유지하면서 숨을 천천히 내쉽니다. 이때, 늑간근(갈비뼈 사이 근육)이 이완되는 느낌을 의식하며 호흡의 깊이를 점점 늘려갑니다. 목과 어깨의 긴장이 풀어지도록 의식적으로 힘을 빼고 자연스럽게 유지합니다.

③ 반복하며 점진적으로 확장하기
이 동작을 4~5회 반복하며 흉곽이 점점 더 확장되는 느낌을 경험합니다. 꾸준히 연습하면 늑간근이 더욱 유연해지고, 들숨과 날숨이 원활해져 편안한 호흡할 수 있습니다. 흉곽 스트레칭은 발성과 직결되는 중요한 연습입니다. 앞서 배운 갈비뼈 확장 스트레칭과 함께 연계하면, 보다 효과적으로 호흡과 발성의 균형을 맞출 수 있습니다.

호흡은 얕게 하지 말고, 깊고 천천히 들이마시는 것이 중요합니다. 기울이는 동안에는 숨을 최대한 길게 내쉬면서 근육의 이완을 유도해야 합니다. 이렇게 하면 몸이 긴장을 풀고 더욱 깊이 늘어나는 느낌을 받을 수 있습니다. 또한, 거울을 보면서 상체가 정면을 유지하는지 확인하면 올바른 자세를 유지하는 데 도움이 됩니다.

복부와 호흡 근육 스트레칭

고양이-소 자세(Cat-Cow Stretch)는 요가에서 널리 알려진 기본적인 동작입니다. 이 자세는 고양이 자세(Cat Pose, 마르자리아사나), 소 자세(Cow Pose, 비타일라사나) 두 가지 동작을 번갈아 수행하는 형태로 이루어져 있습니다. 고양이 소 자세(Cat-Cow Pose, 발사아사나)는 횡격막과 늑간근을 부드럽게 스트레칭하여 깊고 편안한 호흡을 유도하고, 복부와 허리 근육을 이완시켜 복식호흡을 더욱 자연스럽게 만들어줍니다.

① 네발 기기 자세에서 시작합니다. 손목은 어깨 아래, 무릎은 골반 아래에 둡니다.

② 소 자세(Cow Pose): 숨을 들이마시면서 등을 아래로 휘고 가슴을 열어줍니다. 머리를 살짝 들어 올려 시선을 위로 향하게 합니다.

③ 고양이 자세(Cat Pose): 숨을 내쉬면서 등을 둥글게 말고 턱을 가슴 쪽으로 당깁니다. 복부를 끌어당기며 척추를 늡립니다.

④ 이 동작을 10회 정도 반복하면서 호흡과 함께 부드럽게 움직입니다.

이 자세는 허리와 등 근육의 긴장을 풀어 불필요한 힘이 들어가지 않도록 돕고, 부교감신경을 활성화하여 심신을 안정시키는 효과가 있습니다. 또한 척추 정렬을 개선하고 자세를 안정시켜 목소리에 긴장이 실리는 것을 방지하며, 보다 자연스럽고 편안하게 발성하도록 합니다. 척추의 유연성을 높이고 호흡과 연계하여 몸의 긴장을 효과적으로 완화할 수 있어, 스트레칭이나 호흡 근육 강화 운동에도 자주 활용됩니다.

매일의 발성 루틴이 목소리를 바꾼다

소설가 무라카미 하루키는 매일 아침 일찍 일어나 글을 쓰는 것으로 유명합니다. 그는 하루 일정에서, 반드시 글을 쓰고 달리는 루틴을 지킵니다. 이러한 반복된 습관은 그의 창작을 지탱하는 원동력이 되었고, 내면의 깊은 세계와 연결되는 길을 열어주었습니다. 여러분의 목소리도 마찬가지입니다. 좋은 목소리를 만들고 유지하는 데는 반복적인 루틴이 필요합니다. 매일 일정한 시간, 일정한 방식으로 목소리를 훈련하면 반복을 넘어선 자기 발견의 과정이 됩니다.

목소리 훈련은 습관이 되지 않으면 쉽게 흐트러질 수 있습니다. 특히 기분, 컨디션, 주변 환경에 따라 목소리는 미묘하게 흔들릴 수 있습니다. 하지만 꾸준한 루틴을 통해 발성 훈련이 이루어진다면 감정이나 상황에 따라 흔들리지 않고 일관되며, 신뢰감을 주는 목소리를 유지할 수 있습니다.

무라카미 하루키가 매일 글을 쓰듯, 좋은 목소리를 갖기 위해서도 반복적인 훈련이 필요합니다. 하루 30분이라도 꾸준히 목소리를 연습해보세요. 그 작은 습관이 쌓이면, 결국 자신만의 목소리를 찾고 유지하는 강력한 힘이 되어줄 것입니다.

발성 감각을 깨우는 아침 루틴

발성 감각에 매일 관심을 기울여야 합니다. 특히 아침에는 후두 마사지를 통해 목의 감각을 깨우는 것이 중요합니다.

다음의 루틴은 알렉산더 테크닉의 디렉션 개념을 응용하여 구성되었습니다. 알렉산더 테크닉은 몸의 불필요한 긴장을 줄이고 보다 효율적으로 움직일 수 있도록 돕는 기법입니다.

[발성 루틴]
① 목을 편안하게 두고 호흡을 자유롭게 한다
▶ 체크포인트: 인후가 열렸는지, 머리 위치(숙이거나 턱을 들지 않는지) 확인합니다.

② 턱과 후두를 내린다
▶ 체크포인트: 혀의 긴장이 풀리고, 혀뿌리가 올라가지 않는지 확인합니다.

③ 가슴을 시원하게 연다
▶ 체크포인트: 흉성 울림을 줄이고, 복식호흡이 제대로 작동하는지

점검합니다.

④ 소리를 앞으로 멀리 내보낸다
▶ 체크포인트: 호흡을 움켜쥐지 않고, 소리가 제대로 나아가도록 연습합니다.

이 루틴을 차근차근 시행하면, 단계별로 발성이 개선되는 것을 경험할 수 있습니다. 자신만의 루틴을 만들어서 적용해보세요.

갑작스러운 목소리 변화, 이렇게 대처하세요

감기, 피로, 스트레스에 흔들리지 않는 목소리 관리법

목소리는 감기, 피로, 스트레스에 매우 민감하게 반응합니다. 몸이 피곤하거나 컨디션이 저하되면 목소리도 즉각적으로 영향을 받으며, 심한 피로가 누적되면 목소리가 가라앉고 거친 소리가 나거나 발성 자체가 어려워질 수도 있습니다. 이를 예방하려면 충분한 수면과 수분 섭취가 필수적이며, 실내 습도를 적절히 유지하고 자극적인 음식(카페인, 알코올, 맵거나 뜨거운 음식)을 피하는 것이 좋습니다. 또한, 목이 피곤할 때 하루 정도는 목소리를 내지 않는 음성 휴식을 가지는 것도 도움이 됩니다. 이때, 따뜻한 물이나 차를 마시며 목을 촉촉하게 유지하고, 입을 다문 채 코로 천천히 숨 쉬는 것이 성대에 부담을 줄이는 방법이 될 수 있습니다. 목소리를 아끼기 위해 속삭이듯 말하는 것은 오히려 성대에 부담을 줄 수 있습니다. 속삭이는 소리는 성대가 불완전하게 접촉한 상태에서 공기가 과도하게 새어나가게 되어 더 큰 무리를 초래할 수 있기 때문입니다.

심리적 요인이 목소리에 미치는 영향

스트레스와 불안은 발성에도 부정적인 영향을 미칩니다. 긴장하거나 스트레스를 받을 때 목소리가 떨리거나 힘이 빠지는 경험을 해보신 적이 있을 겁니다. 특히 과호흡 증후군이 있는 경우, 불필요하게 빠르고 깊은 호흡을 하면서 혈중 이산화탄소 농도가 감소하고, 이로 인해 성대 주변 근육이 과도하게 긴장할 수 있습니다. 이런 상태가 지속되면 목소리가 떨리거나 힘이 빠지는 느낌을 받게 되며, 일정한 발성 리듬을 유지하기 어려워질 수 있습니다. 말하는 도중 숨이 차거나, 문장을 끝맺기 전에 호흡이 끊어지는 현상도 발생할 수 있죠. 이러한 악순환을 방지하는 데 규칙적인 복식호흡 연습과 긴장을 푸는 스트레칭, 명상 등이 도움이 될 수 있습니다.

인생을 바꾸는 기적의 목소리 수업

초판 1쇄 발행 · 2025년 9월 25일

지은이 · 안대성
발행인 · 이종원
발행처 · (주)도서출판 길벗
출판사 등록일 · 1990년 12월 24일
주소 · 서울시 마포구 월드컵로 10길 56(서교동)
대표전화 · 02)332-0931 | 팩스 · 02)323-0586
홈페이지 · www.gilbut.co.kr | 이메일 · gilbut@gilbut.co.kr

기획 및 편집 · 송은경(eun3850@gilbut.co.kr), 유예진, 오수영 · **제작** · 이준호, 손일순, 이진혁
마케팅 · 정경원, 정지연, 이지원, 이지현 · **유통혁신팀** · 한준희
영업관리 · 김명자 | **독자지원** · 윤정아

디자인 · 김희림 | **일러스트** · 임희
CTP 출력 및 인쇄 · 예림인쇄 · **제본** · 예림인쇄

· 이 책은 저작권법의 보호를 받는 저작물로 이 책에 실린 모든 내용, 디자인, 이미지, 편집 구성은
  허락 없이 복제하거나 다른 매체에 옮겨 실을 수 없습니다.
· 인공지능(AI) 기술 또는 시스템을 훈련하기 위해 이 책의 전체 내용은 물론 일부 문장도 사용하는 것을 금지합니다.
· 잘못 만든 책은 구입한 서점에서 바꿔 드립니다.

© 안대성, 2025

ISBN 979-11-407-1582-4 03190
(길벗 도서번호 090278)

정가 21,000원

독자의 1초까지 아껴주는 정성 길벗출판사

(주)도서출판 길벗 | IT단행본, 성인어학, 교과서, 수험서, 경제경영, 교양, 자녀교육, 취미실용 www.gilbut.co.kr
길벗스쿨 | 국어학습, 수학학습, 주니어어학, 어린이단행본, 학습단행본 www.gilbutschool.co.kr

인스타그램 · thequest_book | 페이스북 · thequestzigi | 네이버포스트 · thequestbook